技术创新与体制创新

陈 健 著

东南大学出版社
SOUTHEAST UNIVERSITY PRESS
·南京·

内容简介

技术创新与体制创新是驱动经济社会发展的两个不可或缺的轮子，技术创新的发生和运行与创新主体活动于其中的内外环境密切相关。基于创新机理、创新主体和创新环境"三位一体"的视角，本书阐述技术创新的理论源流和战略变革，分析体制环境、经济杠杆、法律政策对技术创新的影响作用，最后关注两个关键性专题"高技术传播"和"小企业创业"。本书可供自然科学和社会科学研究者以及政府机关、企事业管理决策者阅读参考，也可作为高等院校研究生、本科生相关课程的教科书或参考书。

图书在版编目(CIP)数据

技术创新与体制创新/陈健著.—南京：东南大学出版社，2021.12
 ISBN 978-7-5641-9707-0

Ⅰ.①技… Ⅱ.①陈… Ⅲ.①技术革新-研究②体制创新-研究 Ⅳ.①F062.4②F121

中国版本图书馆 CIP 数据核字(2021)第 274428 号

责任编辑：张丽萍　责任校对：李成思　封面设计：王 玥　责任印制：周荣虎

技术创新与体制创新
Jishu Chuangxin Yu Tizhi Chuangxin

著　　者：	陈　健
出版发行：	东南大学出版社
社　　址：	南京四牌楼 2 号　邮编：210096　电话：025-83793330
网　　址：	http://www.seupress.com
电子邮件：	press@seupress.com
经　　销：	全国各地新华书店
印　　刷：	广东虎彩云印刷有限公司
开　　本：	890mm×1240mm　1/32
印　　张：	7.5
字　　数：	208 千字
版　　次：	2021 年 12 月第 1 版
印　　次：	2021 年 12 月第 1 次印刷
书　　号：	ISBN 978-7-5641-9707-0
定　　价：	32.00 元

本社图书若有印装质量问题，请直接与营销部调换。电话(传真)：025-83791830

前　言

"现代化"是一个家喻户晓的蕴涵丰富内容的世界性概念,也是举国上下都十分关心的战略问题。社会生产和社会生活的一切领域、一切部门都存在一个现代化的任务。21世纪的现代化标准是以更充分、更全面地满足各种需求为核心,以更有效、更合理地利用信息资源为基础,以对科技和知识的高度重视为特点,从而不同于工业革命以来的"工业化"的现代化标准。随着高技术的崛起和飞速发展,国民经济和社会结构的框架重心从物理性空间向信息和知识性空间转移,这是一个在任何国家都实际发生着的不可逆转的历史过程。

"科学技术是第一生产力",科学技术现代化是整个现代化的核心内容,又是整个现代化的基础和支撑条件。技术创新是把科学技术成果转化为现实生产力的根本途径,是技术进步和经济发展的动力源泉。应当从现代化建设全局的高度充分认识技术创新的重大而深远意义。技术创新既是世界各国走向现代化的必由之路,也是我们顺应当今科技经济发展潮流的必然选择;技术创新既是实现跨越发展的重要推动力,也是实现经济结构战略性调整的重要突破口。技术创新是生产力的重要变革,体制创新是生产关系的重要变革。技术创新和体制创新是推动现代化建设的两个轮子,两者相辅相成、相互促进。技术创新必然呼唤相应的体制条件作保证,必然要求生产关系与之相适应,必然对经济体制的转变具有强有力的促进作用。要通过深化改革，大力推进体制创新，尽快形成有利于技术创新的机制和环境。要充分发挥市场的决定性作用，激发微观基础的活力，加快建设以企业为主体的技术创新体系，全面提高企业的技术创新能力。要建立和完善风险投资机制，形成以政府投入为引导、企业投入为主体、社会投入为重要来源的多元化投融资体系，推进高新技术成果的产业化发展。要营造有利于创新的良好的政策环境和法律环境。只有把"两个创新"紧密结合起来，把两个方面的工作都做好，才能更好地推进国家创新体系建设，实现重点突破跨越发展。

本书基于创新机理、创新主体和创新环境"三位一体"的视角，阐述技术创新的理论源流和战略变革，分析体制环境、经济杠杆、法律政策对技术创新的影响作用。本书从技术创新的微观基础——企业出发把握技术创新的概念（什么是？）和战略（怎么做？），进而扩展至更大范围即技术创新主体活动于其中的宏观环境（体制环境、法律环境、政策环境），最后再回到技术创新的微观基础，对"高技术传播"和"小企业创业"两个至关重要的关键专题进行了初步研究。

本书以理论研究为指导、以案例分析为基础，既是微观和宏观的交互——微观分析不离其宏观背景，宏观分析不离其微观基础，也是多学科的交叉。此处我尤其要感谢张颖教授，她在法学专业方面所提供的详尽帮助，使得本书在讨论法律规制如何具体地对技术创新起保障作用时有着更为细致精准的认知和把握，可以认为这对技术创新的研究来说是尤其有意义的。本书还注重从技术创新历史的回顾中发掘其时代意义，全书内容丰富、语言生动，可供自然科学和社会科学研究者以及政府机关、企事业管理决策者阅读参考，也可作为高等院校研究生、本科生相关课程的教科书或参考书。

最后，我要感谢东南大学出版社责任编辑张丽萍专业而且尽职的工作，也要感谢负责审校的所有编辑，书稿完成后尽管我仔细通读校对了许多遍，但严格的审校流程还是帮助避免了不少我自己没能发现的错漏。还要感谢负责设计、排版的所有工作人员，他们不厌其烦的工作使本书增色不少。

目 录

前言

导言：一个世界性的潮流 ·· 1
    Ⅰ. 英国的工业革命 ··· 1
    Ⅱ. 美国的秘密武器 ··· 3
    Ⅲ. 日本的三次远航 ··· 5

第一篇　技术创新

1 理论源流 ·· 9
  1.1 概念厘定 ··· 9
    1.1.1 创新与技术创新 ·· 9
    1.1.2 重大创新与渐进创新 ···································· 14
  1.2 机制分析 ·· 17
    1.2.1 基本模式 ·· 17
    1.2.2 集群模式 ·· 20
    1.2.3 扩散模式 ·· 22

2 战略变革 ··· 27
  2.1 模仿创新 ·· 27
    2.1.1 追随战略 ·· 28
    2.1.2 追赶陷阱 ·· 30

2.2 自主创新 ……………………………………………… 33
　　2.2.1 领先战略 …………………………………… 33
　　2.2.2 先发优势 …………………………………… 36
2.3 合作创新 ……………………………………………… 43
　　2.3.1 合作战略 …………………………………… 44
　　2.3.2 合作优势 …………………………………… 48

第二篇　体制创新

3 体制环境 ……………………………………………… 55
3.1 经济体制 …………………………………………… 56
　　3.1.1 动力机制 …………………………………… 56
　　3.1.2 体制转型 …………………………………… 59
　　3.1.3 政府职能 …………………………………… 61
3.2 科技体制 …………………………………………… 65
　　3.2.1 改革进程 …………………………………… 65
　　3.2.2 主要成就 …………………………………… 69
　　3.2.3 关键环节 …………………………………… 73

4 经济杠杆 ……………………………………………… 77
4.1 财政支持 …………………………………………… 77
　　4.1.1 择优贷款 …………………………………… 77
　　4.1.2 委托补助 …………………………………… 80
　　4.1.3 税收减免 …………………………………… 82
　　4.1.4 重点奖励 …………………………………… 84
4.2 金融支持 …………………………………………… 86
　　4.2.1 风险投资 …………………………………… 86
　　4.2.2 基金扶持 …………………………………… 91

5 法律保障 …… 94

5.1 科技进步法 …… 94
5.1.1 企业主体地位 …… 95
5.1.2 知识产权战略 …… 97
5.1.3 科技投入效益 …… 101
5.1.4 科技人员激励 …… 102

5.2 专利法 …… 104
5.2.1 鼓励发明创造 …… 106
5.2.2 促进专利运用 …… 109
5.2.3 强化专利保护 …… 116

5.3 反不正当竞争法 …… 119

6 地方政策 …… 124

6.1 建设苏南国家自主创新示范区 …… 124
6.1.1 "四个坚持" …… 126
6.1.2 "三个一体化" …… 127
6.1.3 "六大行动计划" …… 129

6.2 企业研发机构高质量提升计划 …… 131
6.2.1 培育高层次人才团队 …… 134
6.2.2 研发高水平核心技术 …… 135
6.2.3 建设高质量创新平台 …… 136

6.3 推动江苏省民营企业创新发展 …… 137

第三篇 专题研究

7 专题研究Ⅰ:高技术传播一般机制 …… 143
7.1 问题提出 …… 144
7.2 概念基础 …… 146
7.3 发生机制 …… 150

- 7.3.1 报酬动机 ·········· 150
- 7.3.2 竞争压力 ·········· 151
- 7.3.3 规范力量 ·········· 152
- 7.4 过程模型 ·········· 154
  - 7.4.1 外部过程模型 ·········· 155
  - 7.4.2 综合过程模型 ·········· 156
- 7.5 本章小结 ·········· 159

8 专题研究Ⅱ：跨国公司高技术传播 ·········· 161
- 8.1 当代特征 ·········· 162
  - 8.1.1 战略驱动 ·········· 162
  - 8.1.2 研发协同 ·········· 165
- 8.2 策略变革 ·········· 167
  - 8.2.1 竞争策略 ·········· 168
  - 8.2.2 协作型竞争策略 ·········· 170
- 8.3 主导机制 ·········· 172
  - 8.3.1 可传播性 ·········· 173
  - 8.3.2 主导机理 ·········· 176
- 8.4 对策选择 ·········· 180
- 8.5 本章小结 ·········· 183
- 附录 ·········· 186

9 案例分析："小"企业创业的典范 ·········· 188
- 9.1 北大方正：以领先技术起家 ·········· 188
  - 9.1.1 新时代的毕昇 ·········· 188
  - 9.1.2 技术领先的创新之道 ·········· 189
  - 9.1.3 资金人才的有力支撑 ·········· 191
  - 9.1.4 国际市场的奋力开拓 ·········· 193
  - 9.1.5 创新中的企业家与科学家 ·········· 196

9.2 惠普公司：凭科技扩展版图 …………………………… 199
    9.2.1 新科技的持续研发 …………………………… 200
    9.2.2 全方位的创新战略 …………………………… 205
9.3 通灵翠钻：靠转型谋求发展 …………………………… 212
    9.3.1 设计扁平化组织 ……………………………… 212
    9.3.2 打造高效率团队 ……………………………… 214
    9.3.3 走向学习型组织 ……………………………… 216
    9.3.4 善用非危机转型 ……………………………… 218

参考文献 ……………………………………………………… 220

导言: 一个世界性的潮流

纵观世界发达国家的经济发展奇迹,从十八世纪英国的工业革命开始,到二次世界大战之后美国建立起科技、经济的世界霸主地位,再到日本在战后的废墟上成功进入"第三次远航",以令人瞩目的发展速度进入世界经济大国的行列……我们试图能够从中找出某些最为重要的影响因素。现在人们已经熟知出自美籍奥地利人、美国经济学家和社会学家熊彼特的创新理论——熊彼特在其成名作《经济发展理论》中初创,而后在《经济周期》中系统完成的一种学说。熊彼特以创新理论为核心的经济发展理论,其精要所在是以创新机制解释经济发展的实质,并认为这是一种"创造性的毁灭"过程。值得注意的是,在现代科技革命到来之前,熊彼特就已经系统论述了由于技术的进步与发展所引起的"创新"以及由"创新"引起的社会生产过程、组织方式、管理方式的变化。我们试图在十八世纪以来世界主要发达国家的历史回顾的基础上,寻求经济发展动力源泉的有益启示。

Ⅰ.英国的工业革命

英国的工业革命始于十八世纪六十年代。一般认为,英国的工业革命是由于蒸汽动力技术的发展和普遍应用而引发的。"瓦特蒸汽机"和"圈地运动"是英国工业革命中人所共知的历史事件,它们代表了从技术的发明和革新,到社会经济、政治制度以及相互之间的互动作用。这一互动作用对英国工业革命产生了极其重要的影响,促使十八世纪的英国率先走上工业化进程,成为当时世界的"领头羊"。一方面,"瓦特机"的广泛使用使工业生产进入新的高潮,推动技术革命一环接一环、一浪接一浪地向前发展。蒸汽机迅速推广到棉纺织业和其他工业,推动交通运输业、冶金工业和采煤业的发展,机器制造业由手工业变为大机器工业。古老的人力、畜力和水力被蒸汽动力所代替,大规模生产不仅可能而且成为必要,一场大的工业革命——蒸汽机改变整个世界的时代由此到来。从创新理论的角度来看,从十七世纪末法国工程师巴本的第一台活塞蒸汽机,随后英国工程师萨弗里设计的蒸汽泵、英国工程师纽康门的热力蒸汽机,到瓦特成功设计出装上了冷凝器的蒸汽机和双向汽缸蒸汽机,蒸汽机的持续创新满足了开采业和其他工业生产对于新型动力机械不断增长的需求,瓦特蒸汽机最终以其显著的效率而成为可用于一切动力机械的万能"原动机"。毫无疑问,正是蒸汽动力技术的创新成果为工业革命提供了技术基础。另一方面,经济史学家们特别关注的"圈地运动"则为英国工业革命奠定了制度上的基础。由于"村镇"牧场缺乏明确专属的牧场占有权制度,随着羊毛价格的大幅上涨,造成了牧场"拥挤"、地力衰退,因此对产权问题做出新的界定的要求就出现了。以诺思(Douglass C. North)为代表的新经济史学派坚持认为,对经济发展起决定性作用的是制度性因素,其中产权制度变迁的影响是首要的。他认为:"……有效率的经济组织是经济增长的关键;一个有效率的经济组织在西欧的发展正是西方兴起的原因所在。"(诺思等,1989)换句话说,是一系列制度方面的变化给工业革命这一根本性变革铺平了道路。诺思(1994)在《经济史中的结构与变迁》中写道,"产业革命是创新率的加速器,创新的起源可以追溯到传统的年代(1750—1830年)。正是较充分界定的产权(与自由放任不同)改善了……要素和产品市场。其结果,市场规模的扩大导致了更高的专业化和劳动分工,从而增加了交易费用。组织的变迁旨在降低这些交易费用,结果在市场规模扩大以及发明的产权得到更好的界定,从而在提高了创新收益率的同时,创新成本得到了根本性的降低"。内森·罗森堡和L.E.小伯泽尔(1989)在《西方致富之路——工业化国家的经济演变》中也分析总结了十九世纪西方工业化国家迅速兴起和发展的原因:它建立了一个能够通过不断创新来保持经济持续增长的体制结构。

Ⅱ.美国的秘密武器

现在人们公认,美国能够决胜于第二次世界大战是由于美军的三个秘密武器:青霉素、雷达和原子弹。这是三个科学研究上的杰出成果在战争中的成功应用。当时的美国政界、军界正是基于这样的认识,不约而同地高度评价科学对美国的作用,一致认为科学家在这次战争中对国家的安全作出了极其重要的贡献。

二战期间,英国医生弗莱明在美国政府的支持下,使一战时在法国布洛涅的战地研究实验室的研究成果迅速从实验室走向工厂,青霉素的大规模生产工艺使它作为美国军需品的批量生产成为可能。由于青霉素的使用,二战中美国士兵死于疾病的比例不足1‰,而这个比例在一战时是14‰,青霉素的发明和制造挽救了战争中许多伤患的生命,成为现代治疗学的最大成就之一。与青霉素的作用不同,二战时雷达直接应用于军事目的:枪炮瞄准、夜间拦截战斗机、侦察潜艇、轰炸敌舰等。美国海军1941年参战时,约有20艘军舰安装了雷达系统。发展各种不同类型的雷达需要成功地设计出近炸信管,这项工作是在大战爆发后的第二年,经美、英科学家的通力合作才得以完成。依靠雷达系统,美军曾侦察到偷袭珍珠港的日本飞机并火速发出警报,虽然由于未能引起足够重视,而发生了损失惨重的珍珠港事件。对于雷达和原子弹在战争中的作用曾有过这样的评说:雷达赢得了战争,而原子弹只是结束了战争。1945年7月5日,第一颗原子弹在美国内地的试验场试爆成功,一个月后在日本广岛和长崎投下的两颗原子弹促使日本提早投降。正是由于科学家爱因斯坦、玻尔和费米等人的一系列在基础研究领域里取得的辉煌成就,"曼哈顿工程"才能顺利进展,尽管科学家们根本不可能想到相对论、质能关系式、链式反应会与武器有什么必然联系。第二次世界大战期间,战争的需要促进了基础科学研究及其应用的发展。由于政府的大量投入,美国在原子弹、雷达、导弹、医疗、合成材料、电子学、计算机技术等方面取得了巨大进展。二战之后,美国确立了在科技以及各个领域的世界领先地位,领导了第三次科技革命的发展:四十年代,美国在晶体管技术的基础上,制成了半导体收音机和计算机;五十年代,又将集成电路发展成为大规模集成电路,使其电子工业向前推进了一步;六十年代在航天领域方面发射第一颗气象卫星,之后实施了"阿波罗计划";八十年代高科技领域竞争加剧,美国另辟蹊径,发展了数字化、网络化技术。

美国能够保持科学技术的世界领先地位,最重要的原因是得益于重视基础研究和开创精神的传统。这种传统在范内瓦·布什(Vannevar Bush)1945年提交的报告《科学——没有止境的前沿》中表现为全体起草报告的科学家和专家们的共同信念:"科学应当始终位于前列,而且没有哪个角落能不被科学的狂飙席卷。"(布什等,2004)以今天的眼光来看,值得深思的是报告中的两点建议:优先发展基础研究,大力培养科学人才。从"雷达和青霉素"到高度重视基础研究,布什和他的专家们以高瞻远瞩的战略眼光推动确立了美国科技的基本政策。布什在报告中提出成立一个"国家研究基金会"来促进国家发展基础研究,培养科学人才,其职责是:发展和促进国家的基础研究和科学教育政策,资助非营利组织中的基础研究工作,通过奖学金和研究补助来培养青年中的科学人才,依靠合同及其他方式支持军事问题的长期研究工作。国家研究基金会经过长达五年的论证最终成立，并始终在美国的基础研究和科学技术政策方面发挥着重要作用。

Ⅲ. 日本的三次远航

二战后日本创造了众所周知的经济"奇迹"，最早注意到战后日本经济高速增长的一位英国经济学家在题为《日本升起来了》的论文中，分析了日本经济成功的主要原因：官民一体的经济、教育、积极的投资、产业的转换能力、集体主义的忠诚以及一支有能力的官吏队伍。这个分析结论是令人信服的，但并没有告诉人们日本的经济"奇迹"到底是怎样创造出来的。在日本人看来，明治维新是日本的第一次远航，它使日本进入世界工业强国的行列；第二次世界大战后的"贸易立国"是第二次远航，使日本在战争废墟上迅速复兴；"技术立国"则是第三次远航，就是由"模仿和追随的文明开化时代"进入"首创和领先的文明时代"。七十年代末"技术立国"方针的提出，预示着日本的科技发展模式从"追赶模仿型"转变为"独创开拓型"，表明日本的科技体制由政府主导取代民间主导。

二次大战以后到二十世纪七十年代中期，基于"贸易立国"的发展战略，日本政府确立了引进国外先进技术以促进本国科技发展和经济复兴的基本政策。这一政策以提高日本产品的国际竞争能力、保证经济发展为前提。换句话来说就是，"以振兴科学技术为杠杆，以发展经济为宗旨"。在引进外国先进技术的过程中，日本走过了一条从单纯引进和模仿，到大力加强对引进技术的研究并加以改进和革新，再到吸收各国技术长处发展"日本化"自主技术的道路。"贸易立国"战略的实施使日本以较快速度、较低代价扭转了技术落后的局面，确立了日本"世界经济大国"的地位，但也使日本长期忽视基础科学的研究，导致独创能力低下。到七十年代中期，国际竞争日益"白热化"，"贸易摩擦"加剧，日本不能再像五十年代、六十年代那样依靠引进外国先进技术来补充本国基础研究和独创性研究的不足。因此,依靠自主力量开发新技术,成为日本推进技术进步的必由之路。

二十世纪七十年代中期以后,日本进入"技术立国"时期。日本政府以及财界、企业界、科技界逐步形成了"技术立国"的新战略,这一战略思想的核心,就是从国家经济发展的战略高度来强调发展独创性科学技术的重要性。为此,日本政府首先对立足于"贸易立国"的科研体制进行改革,制定了《创造性科学技术推进制度》,其核心是以人为中心、以思想自由和注重开放为基本原则的流动研究体制。其次是确立"产学官合作"体制,并于1980年在通产省产业结构审议会议所制定的《80年代通商产业政策的设想》中明确提出。再次是加强基础研究,开拓新的研究领域。1986年,日本国会通过了《科学技术政策大纲》,以"振兴创造性的科学技术"为基本方针,同时重视"科学技术与人类社会的协调发展"和"科技发展的国际性"。这一指导日本科技政策的"宪法"的产生,标志着日本由引进、模仿为主导的"贸易立国"战略转向注重基础研究、科技创造为主导的"技术立国"战略。

从十八世纪英国的"蒸汽机"和"圈地运动",到二战时期美国的"青霉素、雷达和原子弹",到二战之后日本的"经济奇迹",历史经验不断证明,"创新"是不息运转的经济发展的动力源泉,"科技"与"制度"是它的两个不可或缺的轮子,生生不息的创新过程正是由科技创新与制度创新相辅相成、相互促进的。历史的回顾是为了未来的选择。在挑战和机遇并存的转型与变革时代,民族的进步、国家的兴旺取决于我们的战略意识和战略选择。我们正面临着二十一世纪新的科技革命的挑战:新一轮的信息革命、生物学世纪的创新浪潮以及新材料技术孕育的微观世界的伟大革命,正对整个世界的经济、政治格局和未来产生难以预见的影响。

第一篇
技术创新

1 理论源流

技术创新理论是由熊彼特的创新理论发展而来的。美籍奥地利人、美国哈佛大学教授约瑟夫·熊彼特(Joseph A. Schumpeter)在1911年第一个从经济学角度系统地提出了创新理论。在熊彼特那里,创新是作为生产方式物质内容的生产力的革新,生产力的进步是经济和社会发展的动力。熊彼特把竞争机制升华为创新机制,以创新机制为核心解释经济发展的本质特征,把创新——"创造性的毁灭"过程视为经济增长的精髓。准确把握技术创新的实质,是了解技术创新的过程、类型和模式的一个基本前提。

1.1 概念厘定

技术创新究竟是什么?技术创新和创新是怎样的关系?创新与发现有没有直接关系?发明是否就是创新?理论概念的模糊有可能导致实践行为的摇摆。对技术创新概念的正确理解,是人们深入了解技术创新活动,进行技术创新研究并建立技术创新机制、制定技术创新政策的基础。

1.1.1 创新与技术创新

按照熊彼特的创新理论,"创新"即实现生产要素和生产条件的一种从未有过的"新组合"(a new combination),并引入生产体系(Schumpeter,1939)。创新并不是某项单纯的技术或工艺的发现和发明,而是一种不息运转的机制。这里有必要首先对发现、发明和创新作出区分。发现是看到或找到已经存在但前人没有看到的新东西,可以是一种实体、一种关系、一种需求或一种理论。对于创新而言,无论是科学发现还是需求发现,都只是一种潜在的动因,只是一种观念的产生,距离创新还有相当长的一段路要走。如果说发现是创新的基础,那么发明就是创新的起点。发明是创造出的新事物或新方法,这些是原来不存在的东西。对于创新而言,无论是基本发明、应用发明或是改良发明,都只具有将来实施的可能性,并不一定已经在生产体系中应用,发明只构成了创新的现实起点和触发条件。只有引入到生产实际中去的发现与发明,使之商业化,获得市场成功,并对原有生产体系产生震荡效应,才是创新。

通常认为创新活动包括以下五个方面的内容:①制造新产品,即制造出尚未为消费者所知晓的新产品,如铁路、汽车与电气用器等;②采用新的生产(工艺)方法,即采用在该产业部门实际上尚未知晓的新的生产方法,如机械化或电气化工厂、化学合成等;③开辟新的市场,即开辟所论及的国家和那些特定的产业部门先前尚未进入过的市场,不论这个市场是否以前就存在;④获得新的供应源,即获得原材料或半成品的新供应来源,同样不拘于此来源是否已存在或是否初次被创造出来;⑤形成新的组织方式,即形成新的产业组织形态(如产业合并),创造了垄断地位(如托拉斯化)或打破原有垄断的新的组织形式。可见,创新并不是局限于技术范畴的活动,它泛指一个新思想的形成,得到利用并生产出满足市场用户需要的产品的整个过程。还可以有更多实际的例子:集装箱的应用、海上贸易的发展是一种创新;连锁商店提供邮购服务是一种创新；美国开设露天汽车电影院、汽车旅馆等各种路边企业，也是一种创新。

"技术创新"却有更为精确的定义。"技术创新"包括新产品和新工艺，以及产品和工艺的显著的技术变化。产品创新是指技术上发生了变化的产品的商业化，当产品的设计特性有了变化，以此为产品的用户提供了新的或更好的服务时，就发生了技术变化。工艺创新是指某项生产技术发生了明显的变化，它可以包括新设备、新的管理和组织方法，或者两者都有。如果在市场上实现了创新（产品创新），或者在生产工艺中应用了创新（工艺创新），那么就说创新完成了。"技术创新"过程中包含了科学、技术、组织、金融和商业的一系列活动。大到具有时代意义的蒸汽机、电动机，是技术创新；小到电动剃须刀、拉链等，是技术创新；福特汽车生产流水线、松下自行车工业公司的个性化订单系统，也是技术创新。

为了更加清楚地说明上述"技术创新"的概念，这里以激光为例。爱因斯坦在1917年提出了"受激辐射"概念，这是一项科学发现，不是技术创新，而是技术创新的一种潜在动因。1960年世界上第一台红宝石激光器诞生发出第一束激光，这仍然只是一项激光技术的发明，不是技术创新，因为第一台红宝石激光器没有被应用到生产体系中，没有被商业化。很快地，由于激光具有的高方向性、高亮度性、高单色性和高相干性，使激光技术随后被广泛应用于生产体系中，制成激光唱片、激光唱机、激光照相机等新产品，使人们欣赏到了更加美妙的音乐和清晰的画面；激光技术还被应用于切割、熔化、抛光等生产加工过程，应用于电子元器件的功能微调，提高了生产效率和生产质量；激光防伪标志从"101"毛发再生精一直贴到"太阳牌"锅巴；报刊几乎全部改用激光照排，激光打印机输出优美的文稿；激光光纤数字通信使人们"闻其声且见其人"；激光医疗是近年来激光应用发展最快的一个方面，被广泛临床应用于外科、眼科、骨科、皮肤科,疗效十分显著。激光技术得到了商业化,为人们创造出新产品和新的工艺过程,它以优越的性能和更高的效率逐渐渗透到工农业生产以及日常生活的方方面面,使人们的生活更加舒适,使人们的生产更加富有效率。激光技术成为20世纪重大的技术创新之一,成为人类科技产品中的新宠儿。

200年前萨伊说:创业家就是要标新立异,打破已有秩序,按新的要求重新组织。100年前熊彼特把创新概括为"创造性的毁灭"(Schumpeter,1934)理解为一个在破坏中创新,在创造中毁灭的生命过程。创新是"创造性的毁灭",是创新的实质所在。创新和变化是正常的、有益的现象,经济发展的主要任务就是变革与创新,而不是去完善已有的东西。在创新过程中,一批竞争力差的企业被迅速淘汰,其生产要素(人员、设备和资金等)被竞争力强的企业重新组合起来,所谓经济发展就是这样一种社会结构的不断破坏又不断重建的生生不息的过程。

技术创新是以"新"胜"旧",率先创新者的成功,会打破原来的市场竞争格局和企业间的利益分配格局,使相关企业先前的技术创新贬值或完全失去价值,自己的创新可能意味着别人的毁灭,可能使传统市场陷入困境;反过来,如果不能保持持续的技术创新的成功,在不久的将来,别人的创新就意味着自己的毁灭。晶体管是20世纪50年代真空管工业的破坏性技术;爱迪生的电力照明使得煤气照明作为城市、商业和居民照明的一种形式而不复存在;个人电脑可能是古往今来最大的破坏性技术,最初它被当作玩具而不被理会,现在,个人电脑"单枪匹马"把整个主机工业捣了个七零八落,甚至把不可一世的IBM逼到边缘。如果选择一个时间区间,查看一下美国最大企业的名单,我们可以发现:许多曾是最大的、财务状况最佳的并且是管理最专业的公司从名单的前列滑了下来，其他公司则完全掉到了名单的外面，从前的小公司或不存在的公司升了上来，已替代了原来的大公司。许多新来者来自半导体技术、软件技术、超级计算机技术和生物技术——上代人几乎想象不到的技术——方面的公司。美国《财富》杂志刊登的世界500强企业排序中，常有企业名次明显变动的情况，如1960年排列在前15位的公司，到1980年只有8家仍保持着前15位的名次，其余7家不见了。企业之间这样的你胜我败、我胜你败在市场经济中是必然的事情。例如，美国无线电公司是最早开发和生产电视机的厂家，可谓电子领域的先锋和开拓者，仅电视机方面的技术专利就给公司带来了巨额财富。在1965年以前，无线电公司生产的电视机在电视机市场上一直处于绝对优势，其他的电视机制造商根本不是它的对手，纷纷被挤垮了。但是由于它没能及时成功地开拓新的事业，技术创新停滞，1985年12月被实力雄厚的美国通用电器公司兼并了。王安电脑公司曾鼎盛一时，王安本人亦名列美国第五大富豪，但进入20世纪80年代以后，电脑市场竞争激烈，由于该公司满足于自己产品在设计和技术水平上的优势和声誉，未能及时跟上电脑创新的步伐，没有及时推出新型电脑，最终败在美国国际商用机器公司（IBM）和苹果公司手下。可以说，在世界范围内，任何企业，包括那些年销售额上百亿美元的大企业，并非总会长盛不衰，它们的命运总是与技术创新相联系，"创新则兴，不创新则衰"，这是市场经济的一条定律。

技术创新的过程也是一个企业一定程度上不断否定自己的产品和生产方法的过程。虽然今天的创新使今天获得了经济收益，但在不断变化和发展的市场环境中，面对激烈的竞争局面，今天的收益不可能是永久的收益，今天的收益只可能成为明天创新的成本，当然这需要以敏锐的眼光与过人的胆识和魄力，改进甚至否定自己原来的产品和生产方法。例如，像惠普公司、美国国际商用机器公司这样的长期生存者,都已经大大改变了它们的产品和基本技术。又例如,日本电气公司从1923年就生产真空管,并有较大的生产规模和较丰厚的收益,但当小林宏治了解到半导体技术时,他敢于舍弃已有丰厚利润的旧事业,率先向这一新领域进军,并于1958年在日本建立了第一家专门制造半导体器件的全封闭净化工厂。当小林宏治知道两名美国工程师曾设想把电阻、电容和晶体管装在一块硅片上时,他在第二年就在公司主持研制集成电路,在1967年又率先建成了大规模集成电路的生产厂。后来,日本电气公司又以惊人的速度发展了超大规模集成电路。到90年代,日本电气公司在不断地否定自己的过程中不断发展,集成电路产品的销售额居日本第一位,并在世界十大半导体公司中名居榜首。

1.1.2　重大创新与渐进创新

根据技术创新过程中技术变化强度的不同,技术创新可分为重大创新(或称根本性创新、突破性创新)和渐进性创新(或称改进型创新)(Ettlie et al., 1984)。重大创新是指技术有重大突破的技术创新,它常常伴随着一系列渐进性的产品创新和工艺创新,并在一段时间内引起产业结构的变化。渐进性创新是指对现有技术的改进引起的渐进的、连续的创新。从单纯技术创新的角度来看,根据创新对象的不同,技术创新可分为产品创新和工艺创新。产品创新是指技术上发生了变化的产品的商业化。按照技术变化量的大小,产品创新可分为重大(突破性)产品创新和渐进性(改进)产品创新。工艺创新是指某项生产技术发生了明显的变化,它可以包括新设备、新的管理和组织,或者两者都有,工艺创新与提高产品质量、降低原材料和能源的消耗、提高生产效率有着密切的关系,是技术创新中不可忽视的内容。工艺创新同样可分为重大工艺创新和渐进工艺创新。

(1) 重大创新

① 重大产品创新。重大产品创新是指一种产品其预期的用途、性能、特征、属性、设计或使用的材料或部件与以前制造的产品有显著差异的产品的创新。这些创新可以涉及全新的技术,也可以组合已有的技术取得新的应用。如第一批便携式磁带放音机,它组合了已有的磁带和微型耳机技术,是重大的产品创新。由火柴盒、包装箱的概念发展而来的集装箱,是重大的产品创新。第一台雷明顿 I 型打字机也是重大产品创新,它创造出一个全新的产业,办公室和家庭中使用的老式书写方法让位于打字,它实际上是当时广泛应用的许多技术和机械部件的合成。又如第一批微处理机和录像机是全新类型的产品创新。美国贝尔实验室发明的电话和半导体、晶体管,美国无线电公司生产的电视机,德克萨斯仪器公司率先推出的集成电路,斯佩里兰德开发的电子计算机等,都是重大的产品创新,它们一步步地将人类带进了信息社会,对人类的生产和生活产生了重大影响。再如杜邦公司和法本公司首创的人造橡胶、杜邦公司推出的尼龙和帝国化学公司生产出的聚乙烯这三项创新奠定了三大合成材料的基础,波音公司推出的喷气式发动机创造了高速客车上天的奇迹。这些都是利用新的科学发现或原理,通过研究开发设计出全新产品的典型事例,这类产品创新是重大产品创新,重大的产品创新往往与技术上的重大突破相联系。

② 重大工艺创新。重大工艺创新往往伴有重大的技术变化,与采用新的技术原理相联系。如炼钢用的氧气顶吹转炉、钢铁生产中的连铸系统、现代的计算机集成制造系统。又如 1913 年出现的机器时代最重大的技术创新——福特公司在汽车制造中应用流水装配线进行生产。1913 年 8 月,也就是在该装配线引入之前,一个工人完成一辆汽车底盘的装配要用 12.5 个小时。装配线建成之后,由于应用了专业分工和底盘可以自动移动,每个底盘的平均装

配时间缩短为93分钟,这一重大的工艺创新对人类的生产制造业作出了重大的贡献。再如日本东京的国际自行车工业公司应用创新的顾客定制系统,是重大的工艺创新,它巧妙地运用计算机、机器人,完成定制生产以满足顾客的个性化要求,工厂本身拥有21名雇员和一个计算机辅助设计系统,用户可以在18种模式、199种颜色中选择赛车、脚踏车、山地车等800万种车型。还有世界上最大PC电脑直销商DELL公司的大规模定制系统,也是重大的工艺创新。

(2) 渐进创新

① 渐进产品创新。渐进(改进)产品创新是指一种性能得到提高或改进的已有产品的创新。它也有两种形式。一种是通过使用高性能的部件或材料得以改进的简单产品(改进了性能或者降低了成本)。如在厨房设备或家具中,用塑料代替金属;电灯的灯丝由最初的碳丝经由金属丝到最终的有韧性的钨丝,使电灯的性能不断改进。另一种是通过局部改变其中一个子系统而改进由大量集成的技术子系统组成的复杂产品。如在汽车中引入ABS制动装置。又如索尼公司的随声听产品的创新也是渐进性技术创新,它根据不同消费者的偏好和消费习惯,在原有的技术平台基础上,有针对性地推出不同规格和类型的随身听:为满足儿童使用需要而使产品更小巧;为满足在运动中使用的需要而提高产品的防振性能;为满足在海滩娱乐使用的需要而增加防水性能等。我们不能轻视渐进式的创新,正是这类创新不断地吸引大量的顾客,为企业的产品开辟了广阔的市场前景。

② 渐进工艺创新。渐进工艺创新包括对产品生产工艺的某些改进,提高生产效率的一些措施,或导致生产成本降低的一些方法等。以爱迪生的电灯制造工艺为例。最初的电灯主要是爱迪生在梅隆公司实验室里手工制造的。随后,电灯是由爱迪生电灯公司

在附近的一个工厂生产的。到 1893 年,生产一个灯泡包括 200 多个步骤的手工劳动:玻璃工人生产出灯泡,熟练工人将灯丝粘在芯轴上,在底部密封,再用真空机把灯泡中的空气抽出,等等。1885 年前,仅抽真空工艺本身就耗费 5 小时。1885 年,斯普伦格尔汞泵减少了抽空灯泡中空气的时间,从 5 小时降到 30 分钟。1894 年,利贝玻璃公司的米切尔·欧文斯采用半自动的糊塑吹制机替代了人工吹制。1895 年,克利佛兰的巴克亚白炽灯公司采用密封机器处理接线的电灯底座。1896 年,通用电气公司进口并改进了用加一滴磷(一种吸气剂)吸收灯泡里剩余氧分子的方法。1901 年,通用电气公司开发出模压机。1903 年,通用电气公司的制管机改进了灯泡制作中的抽空处理。一系列的工艺创新显著地缩短了生产时间,降低了对劳动力的技能和经验的要求,大幅度降低了标准电灯的价格。

1.2 机制分析

1.2.1 基本模式

企业技术创新过程涉及创新构思产生、研究开发、技术管理与组织、工程设计与制造、用户参与及市场营销等一系列活动。在创新过程中,这些活动相互联系,有时要循环交叉或并行操作。从 20 世纪 60 年代以来,国际上出现了五代具有代表性的企业技术创新基本模式。

(1) 技术推动模式

人们早期对创新过程的认识是:研究开发或科学发现是创新的主要来源,技术创新是由技术成果引发的一种线性过程。这一过程起始于研发,经过生产和销售最终将某项新技术产品引入市场,市场是研究开发成果的被动接受者。事实上,许多根本性创新确实是来自于技术的推动,对技术机会的认识会激发人们的创新努力,特别是新的发现或新的技术常常易于引起人们的注意,并刺激人们为之寻找应用领域。如被广泛应用的激光技术和计算机这类根本性创新就是由技术发明推动的。电子计算机问世以来,不论在硬件上还是软件上,都产生了多次质的飞跃,经历了从第一代电子管计算机、第二代晶体管计算机、第三代集成电路计算机、第四代大规模集成电路计算机、第五代超大规模集成电路计算机到第六代智能计算机的发展历程,并出现了向量计算机、并行处理机、分布计算机、数据库计算机、FFT 计算机、过程控制计算机、通信处理机、数据统计计算机、化学计算机、光计算机和生物计算机等多种类型。技术推动了计算机的不断创新。

(2) 需求拉动模式

20 世纪 60 年代中期,通过对大量技术创新的实证研究和分析,人们发现大多数创新特别是渐进性创新,并不是由技术推动引发的。实证研究表明,用于研发的资源投入大,创新成果不一定多,如果只强调研发投入而忽视创新过程其他阶段的管理和市场导向,技术成果就可能没有商业价值,技术创新就可能无法实现。研究表明,出现在各个领域的重要创新,有 60%~80%是市场需求和生产需要所激发的。市场的扩展和原材料成本的上升都会刺激企业创新,前一种创新的目的是为了创造更多的细分市场,抢占更大的市场份额,后一种创新的目的是为了减少相对昂贵的原材料的用量。也就是说,这是需求拉动(或市场拉动)的创新模式。在需求拉动的创新模式中,强调市场是研究与开发构思的来源,市场需求为产品创新和工艺创新创造了机会,并激发为之寻找可行的技术方案的研究与开发活动,认为技术创新是市场需求引发的结果,市场需求在创新中起到了关键性的作用。这些创新大多属于渐进性创新,而不像技术推动那样能引发根本性创新。渐进性创新风险小、成本低,常常有重大的商业价值,能大大提高创新者的生产效率和竞争地位,所以,企业往往偏爱这些创新。当然,只考虑市场这一种因素,将公司所有资源全部投向单纯来自市场需求的创新项目而不考虑潜在的技术变化,也是不明智的。

(3) 交互作用模式

20世纪70年代至80年代初期,人们提出了第三代创新模式,即技术与市场交互作用的创新模式。技术与市场交互作用的创新模式强调创新全过程中技术与市场这两大创新要素的有机结合,认为技术创新是技术和市场交互作用共同引发的,技术推动和需求拉动在产品生命周期及创新过程的不同阶段有着不同的作用,单纯的技术推动和需求拉动创新只是技术和市场交互作用创新模式的特例。

(4) 一体化模式

一体化创新模式是20世纪80年代后期出现的第四代创新模式,它不是将创新过程看作是从一个职能到另一个职能的序列性过程,而是将创新过程看作是同时涉及创新构思的产生、研究与开发、设计制造和市场营销并行的过程,它强调研究与开发部门、设计生产部门、供应商和用户之间的联系、沟通和密切合作。波音公司在新型飞机的开发生产中采用了一体化创新模式,大大缩短了新型飞机的研制生产周期。我国在"两弹一星"的研制中也采用了这种一体化创新的模式。

(5) 系统集成网络模式

20世纪90年代初,人们提出了第五代创新模式,即系统集成网络模式,它是一体化模式的进一步发展。其最显著的特征是强调合作企业之间更密切的战略联系,更多地借助于专家系统进行研究开发,利用仿真模式替代实物原型,并采用创新过程一体化的计算机辅助设计与计算机集成制造系统。它认为创新过程不仅是一体化的职能交叉过程,而且是多机构系统集成网络联结的过程。例如美国政府组织的半导体芯片的开发过程就是多机构系统集成网络联结的过程。

技术在飞速地变化,技术创新模式也在不断地更新。创新过程正变得更快、更灵活、更有效率,并越来越多地使用新的信息技术。同时,由于创新过程涉及的因素比以前更多,创新过程也变得越来越复杂。这就要求在创新过程中需要有高素质的技术和管理人员,使组织管理更具柔性,建立具有高度适应性的有利于创新的组织结构。

1.2.2 集群模式

创新理论的先驱熊彼特在提出创新理论的同时,就曾提醒人们注意这样一种事实:"创新不是孤立事件,不是在时间上均匀分布的,而是趋于结成集群,鱼贯而出……创新不是随意地均匀分布于整个经济系统中,而是趋于在某些部门及其周围环境中聚集。"(Schumpeter,1934)这种创新成群出现的现象称为创新集群。

(1) 基于技术轨道的顺轨性创新集群

国内外许多案例表明,成功企业的创新大多是技术上彼此关联的一系列创新。基于技术轨道的顺轨性创新集群可以以美国Intel公司在计算机微处理器方面的创新为例来加以说明。Intel公司生产的微处理器从20世纪70年代初的4004型、8080型到80年代的80386型,其芯片的集成度逐步提高,每个芯片上的晶体管数目从2 500个增加到170 000个,几乎每两年翻一番,字长也从4位、8位、16位逐步提高到32位。就仿佛是存在着一条提高芯片集成度和增加字长的技术轨道,Intel公司沿着这一技术轨道不断地推出微处理器的创新产品,形成了一个创新集群。

顺轨性创新主要有产品特性变化和工艺技术改进这两种形式。产品特性的变化,一方面体现为产品技术特性的变化,如计算机微处理器的芯片集成度的逐步提高;另一方面体现为产品功能的变化,如微处理器的运算速度逐步加快。产品特性的这些变化一般会提高产品的技术档次,形成新一代的产品。四川彩虹公司的电热毯产品从固定温度型变为调温型再变为集成电路调温型,其电熨斗产品从开关型变为调温型再变为内热式高效调温型,每一种新产品的出现都比原有产品在技术上提高了一个档次。这两种产品的创新就是沿着改善温度调节方式这样一条技术轨道进行的。工艺技术的改进有两种类型,一种是为适应产品创新的需要而进行的工艺技术改进,另一种是为提高产品质量、降低产品成本而进行的工艺技术改进。Zilog 公司在计算机领域的创新就是沿着降低成本的技术轨道进行的。该公司通过使用两类不同的芯片、使用各种不同的外围电路以及节省电路板面积等一系列的创新努力,达到了降低产品成本的目的。

(2) 基于技术平台的衍生性创新集群

基于技术平台的衍生性创新集群是指企业在特定的技术平台上以满足市场的差异化需求为目的开展创新活动所形成的创新集群。索尼公司在 Walkman 产品的创新中,根据消费者的偏好和消费习惯,有针对性地推出不同风格和类型的 Walkman 产品,20 世纪 80 年代初到 90 年代初,索尼公司仅在美国市场上就推出了 572 种 Walkman 产品,形成一个庞大的 Walkman 创新产品集群。索尼公司之所以能在短时期内推出这么多种 Walkman 产品,是因为索尼公司对 Walkman 产品的创新属于基于技术平台的衍生性创新,即在不改变主要生产技术和产品元件的条件下,通过局部变动产品设计,改变产品的一些辅助功能。例如:为满足儿童使用需要而使产品更小巧、为满足在运动中使用的需要而提高产品的防振性能、为满足在海滩娱乐中使用的需要而增加防水性能等。在进行这些局部变动时,产品的一些主要结构和元器件,尤其是利用企业关键技术生产的元器件,如微型电机、超薄机身、"口香糖型"充电电池等都是不变的。

企业基于技术平台的衍生性创新与基于技术轨道的顺轨性创新不同的是:顺轨性创新一般会伴随企业核心技术的明显变化,形成技术水平更高的新一代产品;而衍生性创新则主要是在产品的核心技术基本不变的情况下,通过对产品作局部变革,形成能满足不同的顾客需求的差别化系列产品,这些系列产品属于同一代产品。衍生性创新集群的形成主要是通过两种方式实现的:一是增加或改进产品的辅助功能,如电视机生产企业可以通过给电视机增加激光卡拉 OK 端子、智能视频端子、定时启动和关机等新的辅助功能,推出新的产品;二是改进产品的外形或结构,如汽车生产企业可以在核心设计与主要构件(发动机、底盘等)不变的前提下对汽车外形及局部结构加以改进,推出一系列不同型号的汽车。

1.2.3 扩散模式

一项技术创新成果,如果不能得到推广和广泛应用,它对经济发展的影响就是微不足道的。人类社会的每一次巨大进步,无不与重大技术创新及其扩散紧密相连。18 世纪的纺织工业技术创新及其扩散、19 世纪蒸汽机技术的扩散、20 世纪计算机技术和激光技术的扩散,使得社会生产力水平达到前所未有的高度。技术创新扩散是通过企业间扩散、行业间扩散和国际间扩散三种主要方式进行的。

(1) 企业技术创新扩散

企业技术创新扩散主要是模仿类扩散。首先应用技术创新成果提高了劳动生产率的企业,可以获得超额利润,在巨大的超额利润的诱导下,大批企业会群起而模仿,进行模仿性技术创新,高明的模仿者甚至还可能后来居上,形成后发优势,比创新者占领更大的市场份额。众多的企业间技术创新模仿必然使创新成果获得大面积的扩散。例如电视机和录像机虽然是美国企业的首创,而日本的索尼和松下公司则通过模仿,掌握了这些创新产品的技术,并对原有产品进行改进使其性能和成本更优于原有创新者的产品,最后这两家公司竟成为世界上规模最大、质量最优的电视机和录像机供应商。日本的企业具有较强的消化吸收能力,善于将自主技术与外来技术巧妙地结合起来,能在模仿的基础上再改进,从而在模仿和创新之间架起了一座桥梁。这种扩散不应只是技术创新的简单的"拿来主义",这类扩散的成功与否还取决于企业能否在别的企业技术创新的基础上充分运用自己现有的技术并发掘设计潜能。三洋电机开发洗衣机的过程就是一个很好的例证。1952年夏,三洋电机当时的社长井植岁男看到了洗衣机市场存在的巨大潜力,决定开始制造洗衣机。当时洗衣机已不是什么新奇产品了,一些日本家庭使用国外洗衣机已有十多年历史,日本的其他一些厂家在三洋之先也已推出了自己的洗衣机,但洗衣机作为产品还很不完善,它笨重得像个大水桶,用起来轰轰作响,而且质量也很不稳定,作为商品还不成熟。为了研制三洋自己的洗衣机,井植岁男买来各种不同品牌的洗衣机,送至公司干部的家中,让他们反复研究琢磨。经过反复试验、比较和摸索,充分总结和剖析其他厂家产品的优缺点,最后从产品的安全性能、使用方便程度以及市场能够接受的价格水平等方面,找到一种比较圆满的设计方案,并试制成一台样机,同市场上已有的洗衣机相比,性能略高一筹。正当这种洗衣机准备投产之际,他们又发现了英国胡佛公司最新推出的涡轮喷流式洗衣机,这种涡轮喷流式洗衣机较原先搅拌式洗衣机的性能有很大的提高。于是三洋公司果断地放弃已投入几千万元研制出的即将成批生产的洗衣机,开始对胡佛公司的涡轮喷流洗衣机进行全面解剖和改进,并巧妙地解决了专利问题,1953年春研制出日本第一台喷流洗衣机样机,并于同年夏天成批生产。这种性能优异、价格只及传统搅拌式洗衣机一半的崭新产品,一上市便引起市场的轰动,不仅为三洋公司带来巨大的经济利益,而且使得三洋在洗衣机行业站稳了脚跟。日本松下公司也是一个成功实现技术创新扩散的著名企业。家用磁带录像机是由索尼公司于1975年率先推向市场的,当松下公司意识到录像机巨大的市场潜力后,马上组织力量对索尼的Betamax牌录像机的结构造型、功能原理、工艺材料及其他技术参数进行全面剖析,并从中找出两个毛病:录像音量小、放映时间短。松下对此产品进行了模仿和进一步开发,不仅加大了放映时间容量,提高了性能,更使机型趋于小型化,并且在价格上低于索尼同类产品10%～15%,销售量很快超过了索尼公司,占据日本录像机总销售量的2/3。

(2) 行业技术创新扩散

电子计算机在各行各业的广泛应用,即为典型的行业技术创新扩散方式。电子计算机自问世以来,以其自身性能的不断提高、价格的不断降低、体积的不断缩小、重量的不断减轻、功能的不断增强,使得计算机在现代生产的各个环节之中,迅速地被扩散开去。计算机在工业生产过程中的应用十分广泛,从数控机床开始,逐步发展到"柔性生产线"和"计算机集成化生产"。数控机床将小型机、微机装入机床本体,程序可预先存放在存储器内,可以根据需要改变程序,功能上实现了"数控转线化"。计算机技术在柔性加工系统中也得到了更加广泛的应用。柔性加工系统在数控机床、加工中心机床的基础上,进一步配备自动送料、换料、换位、出料和自动库存管理、运输传递等功能,在控制上实现了柔性,即可以灵活地变换加工程序,在不停机的情况下更换加工品种。计算机技术在计算机集成生产中被发挥到淋漓尽致。计算机集成生产通过计算机辅助设计,提出新产品的优化设计,设计师把设计要求、思想或方案输入计算机,计算机经过分析处理,把结果显示出来,设计师可直接在荧光屏上进行修改和选择;然后通过电子传递,将计算机辅助设计的数据输入计算机辅助工程系统,以检验设计方案是否可行,是否经济有效;接着从计算机辅助工程系统中提取加工产品所需的信息,并将信息输入计算机辅助生产系统,即用计算机实现生产设备的管理、控制和操纵等,将加工产品的电子指令输送给计算机控制的机床、机器人组装站,以及车间的其他自动设备。此外,工厂的计算机主机还不断提供公司的市场销售、财务、采购等信息,以便各部门间的协调运行。

计算机不仅广泛地应用于现代工业的自动化生产和管理,同时也广泛地应用于交通运输、农业生产、医疗、教育、金融、社会服务行业等各个方面、各个层次,渗透到社会每个角落,并在其中起着十分关键的作用,成为现代产业的神经中枢。计算机应用于财政金融业,如电子银行、电子"证券交易";计算机应用于交通运输管理,如城市交通管理、高速公路管理、铁路运输管理、航空运输管理;计算机应用于服务行业,如电子购物、电子收银、无人售货、电子餐厅、电子广告;计算机应用于出版业;计算机改造传统农业,实现农业现代化;计算机也是绘画、动画制作、音乐演奏、作曲、文学作品创作与分析的能手;计算机也已进入家庭,微型机与家用电器、缝纫机、照相机等结合,也被广泛用于家庭自动控制照明、室内温度管理、家庭财务、防灾保安等,以节省能源、减少开支、提高效率……计算机的发展和广泛扩散普及,已经成为现代化社会和现代人类生活不可缺少的组成部分,成为信息社会的"主角"。

(3) 国际技术创新扩散

随着科学技术的发展速度不断加快,科技成果在生产中应用的程度越来越高,科技进步在经济发展中的作用越来越大。由于各国的经济发展基础条件不同,技术装备水平不同,人力、物力和财力的资源不同,以及长期形成的发展特色的不同等,技术发展上的差距在各国之间是明显存在的,这就决定了技术创新有在国际范围内扩散的可能性。资本追求最大利润的冲动以及各国经济技术基础、投资环境、盈利率大小的差别,决定了技术创新必然会在国际范围转移。世界贸易中技术贸易的日益增长,各国间技术引进数量的不断加大,都充分说明了技术创新必须也必然会在国际间扩散。

不过,国际间的技术创新扩散比起国内行业部门间的技术创新扩散,其难度大大增加,因为国际间的技术创新扩散存在着四大障碍:一是观念障碍,由于各国的文化风俗习惯不同,价值观念取向不同,对生活的理解程度不同等,因此对新技术、新产品、新工艺、新材料等的认同程度不同,与此相关的技术创新成果在国际间扩散便会遇到一定的困难。二是体制障碍,处于不同经济体制的国家,在对各种技术、经济活动的管理制度以及相关法律制度等方面都有显著的差别。因此,一些技术创新成果在国际间扩散便会遇到一些的障碍。三是技术障碍,技术进步是与原有的基础密切相关的,技术创新的扩散也需要一定的基础条件,如果技术水平层次相差太远,就难以接受先进的技术,或难以发挥先进技术的功效。所以,技术创新在国际扩散也经常会遇到技术自身的障碍。四是经济障碍,技术创新扩散的目的是为了得到更多的盈利,若扩散地区经济落后、资本匮乏、市场狭小、劳动力素质不高等,当然会影响技术创新扩散后的效益,从而影响技术创新的国际间扩散。

2 战略变革

21世纪以来的一种越来越明显的趋势是：创新成为企业在激烈的市场竞争中生存和获胜的唯一方式，不能擅长于创新的企业越来越难有立足之地。技术创新如何来做？选择什么样的创新战略，如何实施并达到预定的创新目的，这是技术创新的关键问题。创新战略选择失误或者难以实施，都会导致创新风险，使企业在产业竞争中处于不利的地位。企业能否选择并实施良好的战略，是其能否顺利推进技术创新、获得创新收益的首要条件。所谓技术创新战略，是企业在正确地分析自身的内部条件和外部环境的基础上所做出的企业技术创新的总体目标部署及其实施。企业必须根据其所处的外部竞争环境以及企业内部自身经营状况，选择不同的技术创新战略。一般来说，它包括模仿创新战略、自主创新战略和合作创新战略。在企业角度上，把握技术创新基本战略的特点与性质、优势及其来源、风险及其规避，是企业选择与运用技术创新战略的基本途径。

2.1 模仿创新

模仿创新曾经是众多企业参与激烈市场竞争普遍采用的一种

战略选择(Kim,1980)。它是指企业通过学习、模仿率先创新者的创新思路和创新行为,吸取率先者的成功经验和失败教训,并在此基础上加以改进与创造,向市场提供相应的产品,并获取收益的创新活动。模仿创新者有可能通过破译率先者的技术秘密或核心技术,加以改进完善或进一步开发,如通过在工艺设计、质量控制、成本控制、大批量生产、市场营销等创新链上的加大投入,生产出在性能、质量、价格方面富有竞争力的产品,以此与率先创新企业进行竞争,确立自己的竞争地位。

2.1.1 追随战略

与自主创新企业所采用的领先战略不同,模仿创新企业所采用的是追随战略,即通过在技术、市场上对领先者积极有效的学习和模仿,扬长避短,回避风险,迅速进入市场竞争,获得经济收益,并在同时不断进行技术、生产和市场上的知识积累,从而不断提高其竞争能力,为企业核心竞争能力的培育打下坚实的基础。

模仿创新者不是新技术的开拓者和率先应用者,而是对技术进行有选择地跟踪与学习,冷静地观察率先行动者的创新行为,或向多个技术先驱学习,选择技术和市场上成功的率先创新进行模仿,进行二次开发。由于研究与开发能力方面的落后或对技术、市场信息的不敏感,一些在起步阶段落后于率先创新者的企业,或者是创新企业为了回避风险,因而延缓研究与开发行动。如摩托罗拉公司在 RISC(Reduced Instruction-Set Computing,精简指令电脑)芯片的开发上,就采用了追随战略。对于模仿创新来说,重要的是它并不仅仅是单纯的追随模仿,而在本质上是一种渐进性的创新行为。模仿创新并不是照搬照抄领先者的技术,事实上需要投入足够的研发力量,从事其特有的研究与开发活动,可能包括反求、改进和再开发。对模仿创新企业的研究与开发投入作进一步的分析,可以发现其技术开发上的学习和跟随的特点。如日本许多以模仿创新著称的企业每年的研究与开发经费投入占销售收入的 5% 以上,主要用于反求或破译无法获得的关键技术、技术秘密以及对产品的功能与生产工艺的改进。

  模仿创新所需的技术支持来源于企业外部,能否快速高效地吸收率先创新者的技术知识,是模仿创新能否成功的首要条件,因此,对企业外部技术、知识的学习和吸收是模仿创新的一个基础。在此基础上,分析研究率先创新者的技术,并对其加以可能的技术改进(也包括产品功能和生产工艺的改进),以便更好地满足用户和市场的需求。如我国无锡小天鹅公司 20 世纪 80 年代初引进日本松下公司的技术生产全自动洗衣机,经过不断消化吸收,积累了经验,提高了研究与开发水平,到 90 年代初已能独立开发菱形立体水流技术洗衣机、模糊控制洗衣机等新技术、新产品,成为中国洗衣机行业的领头羊。在这里,模仿创新的市场追随特性主要是指,模仿创新者不是独立的市场开辟者,而是充分利用并进一步发展率先者所开辟的市场,巧妙地利用跟随和延迟所带来的优势,变被动为主动,化不利为有利,从而迅速地在产品市场上取得成功,发挥出模仿创新战略的独特优势。以中国的 VCD 大战为例,可以清楚地看到,"步步高"或者"爱多"等一大批紧跟的同行是如何迅速瓜分中国 VCD 市场,从而使 VCD 这一产品的率先创新企业——万燕电子公司变为可悲的"种树人"角色。万燕电子公司首次将数码技术和影像压缩技术进行合成,制造出世界上第一台 VCD 机,并且用不算太长的时间,培育了中国 VCD 市场。但在激烈的 VCD 大战中,早就听不到"万燕"的声音了。

  由此可见,追随并不意味着没有超越的可能,采用市场追随战略的创新企业完全有可能后来居上,最终获得市场上的领导地位。日本松下公司家用录像机的开发就是一个典型的例子。录像机在技术开发过程中,形成了β-max式和VHS式两种技术制式。索尼公司开发的β-max式录像机在市场上处于领先地位,产品一进入市场就获得了成功,并被美国一些娱乐公司选用。紧随其后的松下公司根据索尼录像机磁带只能播放2小时的缺陷(如不适用于类似体育比赛的录像需要),开发出录像时间超过4小时的录像机及盒式带,为美国市场所欢迎,基本上把索尼公司录像机挤出了市场,结果是世界上每出售三部录像机中就有两部是松下的产品。

2.1.2 追赶陷阱

模仿创新是后来者居上的一种有效的战略途径。模仿创新者往往由于能够以较低的成本开发更具竞争力的产品,以及以较小的风险更快地进入市场,从而具有所谓的"后发优势"。但也应当看到,模仿创新似乎又仅是某种"权宜之计",许多发展中国家无论怎样强调在技术引进中的策略方式,事实上最终都或多或少"落后—引进—再落后—再引进"的怪圈,技术创新研究者把这种现象称为"追赶陷阱"。

然而,许多以率先创新为主的美国产品在世界市场的竞争上未能胜过主要以模仿创新为主的日本产品,这样的事例常常成为模仿创新的"后发优势"的主要证据。这种后发优势仍然可以从技术、生产和市场三个方面加以归纳。首先,在技术的研究与开发上,与率先创新者必须独自承担技术探索失败的巨大风险不同,模仿创新在研究与开发活动上并不涉足未知的探索性技术领域,而主要从事渐进性的改进、完善和再开发,这使得模仿创新企业能够有效地回避研究与开发的技术风险,同时更有可能回避研究与开发的竞争风险。其次,在生产制造上,由于产品质量、性能和价格往往是吸引用户的关键因素,当模仿创新企业在生产制造环节集中进行大量投入,对生产工艺的进步、生产成本的降低以及市场需要的满足给予高度重视,或者进行大规模生产制造以通过跟随学习迅速使经验曲线下降,在质量、性能、价格、规模和生产效率等方面建立起自身的竞争优势,则其产品或服务由于在模仿创新过程中所形成的这些后发优势同样能在市场上获得极大的成功。许多晚于欧美的日本造产品如照相机、复印机以及汽车等都是这种成功的典范。再次,由于新市场的开辟具有极高的风险,率先创新的产品需要经过与替代品的竞争,才能逐步为用户认识与接受,这一或长或短的市场沉默期,是率先创新产品的市场风险的来源之一。此外,开发市场的初期需求,率先创新企业需要大量的资源投入,一方面面临市场行为的不确定性(如消费者偏好),另一方面其市场开发具有部分"外溢"效应(比如消费观念诱导、消费知识普及),而模仿创新企业则由于进入市场,其产品在市场上的成功得益于对这些风险的成功回避,得益于对率先创新者市场开发成果的利用以及开发市场所需投入的节约。

模仿创新对于企业核心能力的培养是在一个渐进的能力积累过程上才有可能逐步形成。事实上,模仿创新企业真正能够培养起其企业核心能力,最终仍然是由于其通过模仿创新的成功,逐步走上了自主创新的道路。日本许多成功的知名企业正是走过了这样一条道路,典型的例子如前述松下公司开发生产录像机的模仿创新过程。日本三洋电机公司洗衣机的研究与开发也同样如此,三洋已故社长井植薰曾经这样总结其技术经营思想:"在产品研制中,充分运用现有技术,发掘设计潜能。也就是说,在以资本为核心的经营思想向以技术为核心的经营思想的转变过程中,开拓成熟制造技术的运用深度和广度,是企业战胜世界性经济衰退问题和国内产品滞销问题的重要手段。"

模仿创新企业的这种能力积累,包括技术的、生产的以及市场开发等不同方面的知识积累,即创新企业的整个价值链上的知识积累。简单来说,它们是技术和技能的渐进积累。但是,要使这些渐进积累转化为企业的核心能力,还需要将它们组合成"专长集合"。英特尔公司的核心能力不仅仅在于其CPU核心技术,同时也在于其过硬的制造工艺和在市场上左右局势的能力。索尼公司的微型化能力同样如此。模仿创新对于企业核心能力的贡献在于,在不同程度上,它为企业在现代市场中的(未来)竞争能力所需的能力组合提供了有用的基础。大部分的模仿创新由于其本身的特性,会在创新链的中段进行强势资源投入,即在产品设计、工艺制造等方面投入大量的人力、财力和物力。因此,模仿创新企业有可能在工艺改进、批量生产、质量控制等中间环节获得迅速的技能积累。这种快速高效的技能积累往往由于"样板引导"的作用以及模仿创新企业中的有效的组织学习而得以实现。

但是,需要特别重视的是,由于模仿创新企业缺乏研究开发自己的核心技术或关键技术这一首要环节,模仿创新只能局限于已有的技术范式,并沿着既定的技术轨道而进行,因而以模仿创新为主导战略的企业由于不可能成为某一技术领域的领头羊,从而面临着"追赶陷阱"的风险。"追赶陷阱"是与"后发优势"相伴而生的必然现象。在技术快速变化和竞争更加激烈的现代经济中,由于企业内外部环境的作用与影响,这种风险正在与日俱增。

从外部环境来看,当前的市场竞争焦点已经越来越转到技术竞争,这种情形在高技术领域尤其显著。由于技术竞争的加强,竞争压力迫使技术领先者一方面不断追加技术创新投入,不断保持并提高其自主创新能力,加强自主创新的强度,这种技术领先企业技术竞争的白热化程度正在不断缩短新产品寿命周期,其结果是新技术成果层出不穷,技术水平呈跳跃式的发展;另一方面,竞争压力也迫使企业改变竞争思维,变单纯竞争为合作竞争,有资料表明,成功的技术合作个案集中在技术领先者的强强合作之中,这在某种程度上导致了技术创新的"马太效应"。外部环境的这一强烈变化,有可能使模仿创新企业利用"时间差"的能力和优势呈快速递减趋势。

相对于企业外部环境的变化,模仿创新企业内部的技术基础、技术能力、学习能力以及竞争未来的能力(关于未来商机的发展性"眼光")上的不足,正越来越成为模仿创新的局限。模仿创新企业将越来越难以应付来自环境和自身能力的挑战:由于企业技术支撑的薄弱,技术学习的成本增加,其过程可能延长;由于技术变化所带来的市场的快速变化,也可能使得模仿创新企业艰难积累起来的相关技能变得毫无用处;企业的组织学习也可能在快速的技术更新面前难以适应;即使企业具有足够的洞察未来商机的能力,也由于其技术、技能远未以适当的方式组合起来,因而仍然缺乏足够的应变能力。

2.2 自主创新

自主创新是企业率先获取技术突破,开拓并占领市场,谋求核心能力的战略路径。自主创新企业通过自身的努力与探索,攻破技术难关,产生技术突破,并在此基础上依靠自身的能力推动创新的后续环节,完成技术的商品化,获取巨额商业利润,从而达到预期的创新目标。

2.2.1 领先战略

自主创新从本质上来说是一种领先战略,它是企业通过独立自主的研究与开发活动,率先完成技术突破,形成某一领域的核心技术,并进而在相应的产业领域内获得强大的竞争优势,取得从技术到市场的领先地位,最终形成企业的核心能力。

自主创新所需的核心技术来自于企业内部的技术突破。所谓技术突破,其实质是企业依靠自身的力量,通过独立的研究与开发活动,从而掌握某一专门领域中的关键性技术,打通了技术创新的最困难的技术环节,具备了在专业技术上的核心竞争能力。Intel公司在微处理器上的技术突破是自主创新的一个典范。从1970年自主开发出世界上第一块微处理器 Intel 4004,到1973年推出Intel 8080,后来的 Intel 80286、Intel 80386、Intel 80486,再到1994年推出奔腾(Pentium)处理器……Intel 公司一直掌握着独领全球微处理器行业风骚的 CPU(中央处理器)核心技术,成为这一行业的技术领先者。CPU 技术的领先性确保了 Intel 公司在 IT 行业芯片市场中的霸主地位,并且引导着计算机世界的发展方向,其创新速度被业界称为"摩尔定律"。技术突破是企业在技术方面取得领先地位的基本前提,从根本上来说,企业在技术上的飞跃来自于不断进行技术突破的能力,企业的技术进步最终也要依赖于企业的技术突破能力。企业通过自主创新获得领先地位,从而牢牢掌握了在不断变化的市场需要和日益激烈的市场竞争中制胜的有力砝码。以冰箱制造业为例,由于全球环保意识的空前高涨,节能和限制氟里昂的使用所提出的技术要求成为"制冷业的哥德巴赫猜想"。无氟制冷往往需要能耗的增加,因此这一技术难题一度无人攻克。直到1994年4月21日"世界地球日"博览会上海尔集团成功推出无氟节能冰箱,成为世界无氟节能制冷设备的自主创新成功者和行业的领先者。

企业来自于技术突破的技术领先地位,如果不能有效地转化为市场上的领先地位,我们认为企业的自主创新还没有真正地完成。或者说,它只完成了自主创新的一个环节。企业研究与开发的突破性成果只有做到尽快商品化,使产品的市场份额占据主导地位,并能够为企业带来丰厚的利润,这样的自主创新才是有意义的。所谓自主创新的市场领先特性,就是说自主创新企业必须将自主创新技术的率先性转化为市场开发的率先性。一般来说,自主创新的优势在很大程度上正是由技术与市场两方面的率先性带来的。企业进行自主创新的目标,应当是既在技术上成为先锋,又在市场上成为先锋。自主创新是否具有市场领先的特点,或者说,企业研究开发的自主创新技术能否成为市场领先的产品,往往关系到企业的生存与发展。本田汽车公司启用新任总裁信弘川本,把"技术的本田"改造为"市场的本田"或者"技术和市场的本田"的过程非常清楚地说明了这一点。本田汽车公司是一家在20世纪80年代以其卓越的发动机技术和传奇式的创始人本田宗一郎而闻名的大公司。然而,进入90年代之后,随着日本泡沫经济的破灭,本田宗一郎根据其"技术第一"的理念所创造的"技术的本田"开始陷入严重的衰退。1994年本田的轿车出口量持续下降,使本田公司的销售额跌到马自达公司之后,仅名列第五位。新任总裁信弘川本注意到由于公司过于重视技术的"工程思考"方式,在市场环境发生了巨大变化的情形下,本田公司这种"技术第一"的传统方式已经不能适应简单的市场法则,公司在"顾客第一"和"市场第一"的法则面前,始终是模糊不清的。信弘川本的大胆改革措施是把本田的工程设计的特长与市场紧密结合起来,通过对顾客和市场的注重这一长久的转变,把本田从二流汽车制造商的位置提升到全球性的大制造商、大市场占有者。信弘川本领导下的本田果断地发展了跑车产品,在跑车热中制造出了一种传奇式的产品:一种以轿车为基础的更小的体育用车,日本人称其为"重塑型车辆"。"重塑型车辆"从设计到制造所用的时间还不到18个月,而且它紧跟时尚的变化,风靡一时,本田60%的新车销售额来自于这种"重塑型车辆"。

2.2.2 先发优势

自主创新是企业在技术和市场上取得领先地位的强有力途径,对企业而言,选择自主创新是市场竞争的需要,也是成为行业领先者或者在行业中长久保持领导地位的一个必要条件。自主创新战略之所以能够成为当今国际上许多成功企业在竞争中取胜的基本战略,是由于自主创新在技术开发、生产制造和市场营销上所形成的领先的竞争优势。Lieberman 和 Montgomery(1988)认为,最先开发出一项产品、最先应用一个新过程或者最先进入一个市场的企业都将拥有这种先发优势(first-mover advantage)。这种竞争优势来源于企业在对它的长期培育中所形成的核心竞争能力。

(1) 竞争优势的来源

企业进行自主创新,首先有可能在技术上形成技术壁垒,并获得垄断地位。这种技术壁垒是企业获取和保持竞争优势的保证,它来自于两个方面。一方面它来自于新技术本身的特性,使跟进者对新技术的解密、消化或模仿需要一定的时间,有些技术的解密或反求耗时很长,有时甚至是不可能的。而且,从技术获得到投资生产到占领市场,跟进者存在着时间差,这往往使追随者失去首次巨额利润的机会。此外,由于技术的专利保护,自主创新企业可以拥有其创新的专利或专有技术的转让权,掌握自主创新技术的企业在竞争中处于有利的地位。因此,自主创新企业能在一定时期,有时甚至是相当长的时期内掌握和控制某项产品或工艺的核心技术,在一定程度上左右行业或产品技术发展的进程和方向。另一方面,由于自主创新一般涉及全新的技术领域,常常有可能突破既有的技术规范,引发一系列的技术创新,带动一大批新产品的诞生,有时甚至形成全新的产业。掌握核心技术的自主创新企业有可能控制多个技术领域或产业的发展,确定其在新行业的领袖地位。美国杜邦公司在人造橡胶、化学纤维和塑料三大合成材料上的自主创新,牢牢占据着世界化工原料市场,并引起世界汽车业、服装业的深刻变化。

在生产制造和市场开拓方面,由于自主创新企业领先一步积累起了生产技术、生产管理和市场开发的经验,建立起了其与新产品开发相适应的企业核心能力,它们在生产成本、质量控制以及市场规模方面能领先于其他企业。研究表明,在同样生产条件下,先行者的生产成本较追随者低。另外,随着生产经验曲线的下降,生产成本和产品质量都会进一步得以提高。在产品投放市场的初期,自主创新企业常常能处于独占性的垄断地位,从而能获取大量的超额利润。在市场方面,自主创新企业能够较早地建立起原料供应和产品销售网络,率先占有产品生产所需的稀缺资源,使得创新产品在上、下游渠道和市场开拓方面占尽先机。这种优势还表现在用户对产品使用知识、技能和投入上的"先入为主"的影响,用户在放弃已经习惯于使用的某一产品时,往往需要付出有形或无形的成本。自主创新还可能通过技术规范和产品标准的统一制定形成市场优势,即率先取得市场地位的自主创新企业,常常是其技术规范和产品标准的制定者。规范的统一和标准的制定对企业在产业领域中的竞争地位有着极其重要的影响,关系到企业在行业范围内的核心地位的稳固。

(2) 核心能力的培育

重视自主创新的企业,为了做到在技术和市场上的率先性,就必须苦练内功,不断提高自己的核心能力。所谓核心能力,按照美国学者哈梅尔和普拉哈拉德(1988)的说法是"一组技能和技术的集合体""是对各种技术学习心得的总和、各个组织知识的总和"。换句话来说,核心能力是与价值链中具体活动有关的一组知识和技能，是企业发展独特技术、开发生产独特产品和发挥独特市场潜力的专长集合。从本质上来说，企业进行自主创新的一个前提和结果，都在于企业的核心能力。对于现代企业来说，与核心能力无关的所谓自主创新是毫无意义的，因为它对于企业在现代快速变化的激烈竞争环境中获取竞争优势并无好处，有时甚至起到相反的作用，并增加了企业在经营活动中的风险。因此，自主创新的一个本质特征，应当是企业的核心能力，这种核心能力帮助企业在行业中处于领先地位，保持并发展企业的竞争优势。换句话来说，自主创新要求企业做到的在技术和市场上的率先性，应当是由企业内部发展而来，并成为企业获取收益的关键能力，企业所具有的这种能力支持是内在性的。这种内在性的知识和能力的支持是创新成功的基础条件，企业在研究、开发、设计、生产制造、销售等创新的每一个环节上，都需要相应的知识和能力的支持。从另一方面来说，自主创新过程本身也为企业提供了独特的知识与能力积累的良好环境。以索尼公司的代表产品 Walkman 为例，能够设计并制造出这种"小东西"是盛田昭夫的一大骄傲。小型化或者迷你化是索尼公司的核心能力，领导者盛田昭夫的推动和自然形成的"人力网络"使索尼公司看起来像是"井然有序的蜂巢"，把录音机和微型立体声耳机结合起来的随身听小组不是召集起来的，而是一群特殊的人才包括发明家井田、谈判高手黑木、心理咨询师大曾根以及实践家佐野，实践着井深大和盛田昭夫"从发展到行销，都要从一开始就领先竞争者"的经营哲学。正是在创造"耳机文化"的短短几个月的过程中，公司内部从技术、制造、营销运用并发展了其微型化的能力，形成了"彼此信任，关系亲密"的索尼公司文化，成功开发了 Walkman 这种风靡全世界的产品。索尼的这一商业突破，从概念形成到大发利市，前后只花了不到一年的时间。

　　基于价值链分析，我们进一步分析自主创新企业在研究与开发、产品设计、生产制造、市场营销、企业文化等不同环节所构成的创新链的完善以至变革,与企业核心能力的相互作用关系。企业在自主创新的过程中需要不断地经过这样的创新链完善,才能保住并发扬其永不枯竭的创新活力。对善于自主创新的企业来说,把自主创新在一个完整的价值链上加以认识,不断地发现并全力解决自主创新活动中价值创造的瓶颈,正是它能成功地开发领先技术,并把它引入商业突破的不二法门。3M的自粘便条是一个相当有趣的案例,它迟缓的成功过程,常常被用来作为大公司官僚主义的象征而加以引用。但是,从另一角度正好说明了一个创新产品从技术的发明、创意的产生、生产的组织到市场的成功,每一步都存在着需要决心克服的障碍,每一障碍的克服也都意味着创新链的完善,都为价值的创造作出了自己的贡献。最初是席勒发现了"一种只粘一下,但不会永远粘着的粘胶",这是一种独特的聚合体——"一种可以使科学家名垂千古的发现"。可是席勒的"把这种粘剂变成一种好用的产品"的建议遭到了五年的冷落。3M公司有其鼓励创新的优秀文化环境,也有其固有的局限,但从概念到生产、从生产到行销,自粘便条最终成为了家喻户晓的小产品。它生动地解说着3M的简单原则:"任何市场、任何产品都不嫌小;只要有适当的组织,无数小产品就会像大产品一样有利可图。最重要的是3M管理阶层相信,积沙可以成塔,聚百川足以成江河。"

应当特别指出的是,企业自主创新的瓶颈往往因技术突破的后续环节的薄弱而产生。自主创新来源于企业自身的技术突破,由于自主研究与开发的困难,企业不得不给予高度的重视,投入充足的人力、物力和财力。但是,一项创新产品是否能够成功,最终是由市场来加以检验的,也就是说,它应当为顾客或消费者所接受。创新产品的竞争力不仅仅取决于企业对新技术的掌握程度,在相当程度上,产品设计、生产工艺、市场开拓都起着至关重要的作用。解决这些问题，常常需要整个企业的技能积累和团队合作，以及宽松的利于创新的企业文化。我国许多优秀的自主创新项目的中途夭折，常常是由于在研究院所基础上发展起来的小型自主创新企业，缺乏在设计、生产、销售等方面的基础条件和能力。相反，从 3M 公司的"利贴"自粘便条的个例中，不难发现企业进行自主创新时在价值链上的完善和差异，是其成功的关键因素。

(3) 创新风险的规避

通过自主创新最终获取强大的核心竞争能力，为顾客不断创造更高的价值，是企业自主创新的最高境界。为此，企业有必要在技术创新的价值链上，不断完善和提高自己在技术、生产、市场等各个环节上的创新能力，保持源源不断的创新动力，创造并更新创新的竞争环境。然而，当企业决定选择并运用自主创新战略，在可能获得强大的竞争优势的同时，也可能面临巨大的创新风险。

根据曼斯菲尔德(E. Mansfield)对美国三家大公司自主创新的调查分析，60%的创新项目通过研究与开发能获得技术上的成功，只有30%的项目获得了商业上的成功，而最终只有12%的项目给企业带来经济效益(傅家骥，1998)。虽然自主创新一旦获得成功就会有巨大的收益前景，但是企业进行自主创新所面临的风险却是不能不谨慎对待的，这些风险可以来自技术研究、生产制造以及市场开发等不同的环节。

企业为了获得技术上的突破，需要具备雄厚的研究与开发实力，有时还需要相当强的基础研究力量。如 IBM 公司、AT&T 公司即以其雄厚的基础研究著称。我国的海尔集团拥有自己的技术开发中心，从开始运作不久就可以做到平均 3 天出一项技术专利、8 至 10 天就可以出一项新产品，这种强劲的创新能力有力地促进了海尔的发展，成为"海尔，中国造"的最强劲的技术支撑。要具有强大的研究与开发能力需要巨额的投资，如美国柯达公司每天投入

200多万美元的研究经费,杜邦拥有3 500名有博士学位的研究人员,依靠技术不断实现市场突破的索尼公司每年的研究与开发投入达到15亿美元,拥有9 000名以上的工程师和研究人员。但是,由于新技术领域的高度不确定性,企业的巨额投资能否产生技术突破,这些技术突破能否带来商业上的巨大成功,往往是企业难以准确预测的。据统计,自主研究开发的成功率相当地低,如在美国,基础研究的成功率在5%,技术开发的成功率在50%左右。首先自主研发在时间上又具有高度的不确定性,有些项目耗时巨大,少则数年,长则十几年,这样的创新风险显然不是一般企业所能承受的。对于一些大型的项目来说,其中一个项目上的失败常常意味着公司的财务毁灭。其次,即使技术研究上获得突破性的成功,企业要使创新技术或产品在生产上加以实现,并且形成规模产量及其效应,还需要相应的生产与工艺能力作为保障。如微处理器领域AMD公司在与Intel公司的竞争中,就是由于生产能力上的不足,常常处于尴尬的窘境。AMD公司推出的领先于Intel公司铜矿处理器的阿斯龙中央处理器,也由于主板芯片组频率(最高只达到133 Mz)的不匹配,而使其竞争能力大打折扣。还以微处理器的生产工艺为例,从0.25微米到0.18微米的成功转换,是CPU(中央处理器)生产的关键所在,而这除了相应生产设备的可靠性和工艺的新颖性以外,还需要有经过特殊培训的训练有素的技术工人来加以保证。在IT行业,成功的CPU生产厂家凤毛麟角显然是不无原因的。最后,生产出来的创新产品最终要能为市场接受,还要经过有效的营销手段,才能打开市场局面。

为了降低或规避企业自主创新可能带来的风险,持续创新与适度技术转让是两种基本的有效方法。持续创新包含两个层面的含义,即某一项具体创新的持续活动以及不断进行全新的创新活动、开辟全新的创新领域。前者主要是在过程或时间上的持续创新,后者主要是在内容或空间上的持续创新。首先,就某一具体的创新活动而言,由于模仿创新的存在,追随者往往由于其不乏实力而成为自主创新者的竞争对手。当企业通过自主创新,率先向市场推出新颖的产品,并在新开辟的市场上率先获得高额利润,但是由于跟随者的存在,要想长期稳定地占领市场、吸引用户,保持自身的竞争地位,自主创新企业只有进行不断的创新,对新产品的性能和生产工艺加以完善,开发更多的产品系列,满足不同层次的市场需求,包括用户对提高产品质量与性能、降低产品价格以及增加产品品种的需求等。如日本索尼公司在 1979 年率先向市场推出了磁带放音机——Walkman 后,为了保持市场占有率,对产品进行了不断地改进,从而在技术、产品性能和质量上保持领先水平,保持了其在 Walkman 市场的领先地位。1979 年至 1988 年间,Walkman 的 18 项较大的功能改进中有 15 项是由索尼公司率先做出的。其次,就不同的创新活动、创新范围或创新领域而言,由于外部环境的变化,企业需要适时地调整其自主创新的空间或内容。被美国《财富》杂志评为当今世界化工行业最成功、最受推崇的杜邦公司,它的成功秘诀正是面对不断变化的外部环境,不断创新,从而保持其近两个世纪的长盛不衰。20 世纪化学工业给人类生活带来一系列巨大改变的重大发现,如人造纤维、塑料、漆料、X 光胶片、防水赛璐玢、合成橡胶、尼龙、特富龙、中空纤维、涤纶……几乎都是由杜邦的研究人员发明,并被发展为产品陆续推向市场的。进入 20 世纪 90 年代,杜邦公司在继续通过技术创新力争使传统产品寿命周期再延长 30~50 年的同时,研究方向开始转到 21 世纪的领导产品的方向如生物工程、电子学上,重点是从改善人类的生活条件出发,研究开发用于汽车制造的新材料、新型纺织材料、改良农作物基因技术、生物仿生技术以及环境保护产品等。

由于产业竞争环境的复杂性,自主创新企业还需要善用技术转让战略,适时地把所拥有的自主创新技术转让出去:即在适当的时间,向适当的需求者把所持有的专利或专有技术作适度的转让。这种适度转让基于如下的理由:第一,自主创新企业企图长期保持对新技术和新产品的独占性在现实上并不可能,并且从经济角度来看也不会有更多的好处。有效地运用技术转让战略,可以使自主创新企业获得丰厚的经济回报,从而加强从事下一轮技术创新的财力。这种回报有时甚至远远超过研究与开发的成本投入。第二,有利于改善产业竞争环境和加速新技术产业的形成。根据波特的竞争优势理论,技术转让有可能培养"好竞争对手"(波特,1997)[208-235],理想的行业竞争者的出现不但不会削弱自主创新企业在行业中的竞争地位,反而由于它对于刺激需求、扼制进入和分担开拓成本方面发挥的重要作用,从而强化自主创新企业的竞争优势和在产业领域中的核心地位。第三,技术转让还有利于迅速普及自主创新者的产品技术标准。通过技术转让会诱导产生一批企业成为自身的跟随者,顺利推广自身的技术规范和产品标准,增强自主创新企业进一步创新的动力来源,从而推动行业的发展,并确保自身在行业中的领先地位。第四,当企业自身无法利用其自主创新技术,如企业缺乏相应的资源或技能以确立可持续地位,或由于市场进入或替代竞争的存在,企业无法获取巨大的市场份额,此时较为适当的战略即是进行技术的许可转让。当今在生物技术和电子信息技术领域,一些有创造性的小企业由于缺乏把自主创新技术商业化的能力,而选择技术许可战略。如标准商标公司大量颁发高浓度左旋玉米糖浆技术许可即是例子。

2.3 合作创新

企业从模仿创新到自主创新,需要在不断进行技术积累基础上,建立起雄厚的技术基础,形成在行业内的率先创新能力。但实际上,我国的许多企业往往由于研究与开发力量的不足或者知识技能的缺乏,当面临快速多变的国际和国内的竞争环境时,难以具备足够的应变能力。就20世纪80年代以来的国际环境来看,经济合作与发展组织科学技术和工业部研究人员R.布赖纳(Robert Brainard)曾经指出竞争加剧所带来的全球图景:"技术自给被技术相互依赖所代替,在这种情况下出现资源的联合以分担生产费用和革新风险,还出现制造新产品和新工艺所必须的各种知识和技术人员的集中化。公司间的联系迅速扩大到国外,建立起了稠密的国际合作网。"(Brainard,1992)在这样的背景下,另外一种创新战略——合作创新,就成为许多企业的必然选择。

2.3.1 合作战略

一般来说,合作创新"是指企业间或企业、科研机构、高等院校之间的联合创新行为"(傅家骥,1998)。也就是说,进行技术创新的企业可以通过与其他企业或竞争对手,与有供需关系的上下游企业或外部公共机构(主要是科研机构与高等院校,也包括政府或社会团体),就创新方面采取联合行动。这些联合行动以合作伙伴的共同利益为基础,以合作各方的资源共享或优势互补为前提,并且通过采用灵活的合作方式,来达到规定的合作创新目标。合作各方在技术创新的全过程或某些环节上共同投入,共同参与,共享成果,共担风险。值得注意的是,与通常意义上的协作、合作概念不同的是,现在强调"共同宗旨、沟通与和谐关系是成功协作关系中的共同构成因素"(陈健,1999b)。国际性研究与顾问公司荷士卫机构尼克·瑞克曼(N. Rackham)等人认为,贡献、亲密和远景是构成成功伙伴关系的三个共同因素:贡献用以描述伙伴间能够创造具体有效的成果,它是成功伙伴关系"存在的理由",它提高了生产能力和附加价值。亲密表明成功的伙伴关系超越了旧式的买方-卖方模式从而超越了交易关系而达到相当程度的紧密度。远景即对伙伴关系的目标及其实现方式有生动想象(瑞克曼,1998)。

在市场的全球化趋势下,现代企业不仅要面对来自国内的竞争者,还要面对来自全球市场的国外竞争者。市场全球化趋势加剧了环境的不确定性。由于企业面临市场的复杂多变,企业进行技术创新的风险因而不断加剧。这时,由于全球性技术竞争的不断升级,技术进步的速度越来越快,导致了创新技术的复杂化和高投入。因此,通过企业外部资源的内部化,利用经常是属于不同公司和国家的在技术、产品和服务、市场等方面的资源,就成为企业技术创新在新形势下的一种必然要求。在这种趋势的要求下,越来越多的企业通过结成战略联盟来进行合作创新。

所谓战略联盟,广义地说是两个或多个经济实体为了实现特定的战略目标而采取的任何股权或非股权形式的共担风险、共享利益的联合行动。联盟企业之间相互合作,共担风险,但仍各自保持自己的经营自主权,彼此间通过达成某种协议结成一个松散的或紧密的联合体。这种联合体建立在"优势互补"的基础之上。有效地运用战略联盟形成和管理合作创新,需要高度重视合作各方之间交流与学习的密切性与必要性,建立企业合作创新的学习机制和知识流动机制,从而最大限度地通过技术资源的互补与共享,大大缩短创新时间,降低创新成本,分散创新风险,通过有着不同科技背景和文化背景的研发人员的协同效应创造出新思想、新技术、新产品、新生产过程,并最终创造出新市场。

有两种形式的战略联盟对技术创新有不同的促进作用。它们是生产联结型联盟与知识联结型联盟。①生产联结型联盟在某种意义上是一种传统的战略联盟,或者说,是战略联盟发展的初级阶段。根据战略联盟是否有助于参与者学习、创造新的交叉知识和核心能力这一条件，约瑟夫·巴德拉克曾经把战略联盟区分为产品联盟与知识联盟。生产联结型联盟（产品联盟）是战略联盟的最初原型，它用于生产产品或提供服务，或用来填补生产线间的差距，通常这样的联盟把资源运用到世界上生产成本低的地区。同时它们也有助于降低风险、削减成本、加快创新产品和服务向市场的引入过程。成功的生产联结型联盟，对技术创新有某种程度的促进作用。例如，日本汽车生产厂商就以其具有和亚洲其他低成本生产厂商进行生产联结的能力而著称，成功地通过生产联结型联盟，把技术创新带到亚洲的其他地区，以此保持其持续创新的能力。②知识联结型联盟（知识联盟）帮助企业从其他公司那里学到特殊的能力，它是战略联盟发展的较高级阶段。在发展新产品的同时，参与者致力于学习或创造新的能力，并从战略上更新核心能力或创建新的核心能力。约瑟夫·巴德拉克（1998）进一步分析了知识联结型联盟，他认为知识联盟具有四个基本特征。第一，学习和创造知识是联盟的中心目标。知识联盟有助于公司间专业能力的学习，使专业能力相结合，从而创造新的交叉知识。第二，知识联盟比产品联盟更紧密。公司间为学习、创造和加强专业能力而在一起紧密地工作。第三，知识联盟的参与者范围极其广泛。产品联盟通常是与竞争者或潜在的竞争者形成的。而知识联盟能够和任何其他组织相互形成，只要这个组织拥有有益于参与者的专业能力，比如上下游供应商、大学、公共研究机构等。第四，知识联盟比产品联盟具有更大的战略潜能。产品联盟可以帮助公司抓住时机，通过世界其他伙伴快速、大量地卖掉产品，收回投资。知识联盟可以帮助公司扩展和改善它的基本能力，有助于更新核心能力或创建新的核心能力。

如何运用战略联盟发展企业的技术创新能力？科宁公司在战略联盟上所取得的成功提供了一些有益的启示。科宁公司主席和总裁杰姆斯·洪顿相信"世界变得太复杂,以至于公司无法独自进入新市场和形成新业务"。这话也许能解释为什么科宁公司在很大程度上始终坚持通过大量战略联盟,通过合营企业的构思、运用,来培养创新。科宁公司从 1880 年已开始建立合营公司,进行战略联盟。当时这个装饰玻璃和晚餐器皿的初出茅庐的制造者帮助托马斯·爱迪生开发灯泡。Owens-Coning Fiber Glass 是它和 Owens-Illinois 公司共同投资的合营公司,1938 年建成。这个公司成为美国最大的玻璃纤维生产商。1943 年和道化学公司合营的道-科宁成为硅酮的领先生产者。1985 年和西巴-盖基公司进行联盟,成为世界上第三大制药商。西巴-盖基拥有高质量的实验室,而科宁公司有其所需的药物诊断业的立足点。这个联盟的信任关系花了 2 年的时间才建立起来,西巴-科宁公司成功地开发了血和尿解析的新一代产品。在建立战略联盟时,科宁公司注意到了其他公司没有看到的关键所在,即它所建立的战略联盟是作为知识竞争的间接方式而和其他公司建立的协作关系。科宁公司通过知识型联结,建立联营伙伴之间的长期信任关系,在横向组织结构中,建立员工之间的紧密联系,从而加强联盟中的学习,加强核心竞争能力的开发,增强其首创精神和创新能力,最终获得竞争优势。

科宁公司进行了许多成功的战略联盟,与许多联营公司仅有 46% 的成功率和 3.5 年的年均寿命相比,科宁公司的联营公司中有一半已存在至少 10 年了。对这个成功有明显贡献的是它谦逊的公司文化。这种文化使科宁能从它加入的联盟中学到东西。不同战略联盟的管理是科宁公司的一幅妥协与互让的生动画面,共享信任和能力培养是科宁公司成功进行联盟的关键所在。战略联盟帮助科宁公司从守旧的生产方式转变成有强大潜在增长的现代生产方式。此外,通过与外国公司如韩国的三星电子公司、德国的西门子公司联盟,以及将公司扩大到欧洲、南美洲和亚洲时所产生的政治优势,使科宁公司易于进入全球市场。

2.3.2 合作优势

在更加开放和灵活多变的市场环境中,企业越来越认识到,要想保持在竞争中的领先地位,就必须能够成功地进行不断的创新。由于战略联盟所特有的灵活性特点,将它运用于合作创新,越来越证明是一种可行的和有效的途径。通过成功地运用战略联盟,在优势互补的基础上,加强合作伙伴之间的组织学习,有可能提高企业的核心竞争能力,从而达到共同的技术创新战略目标。合作创新的优势来源可从以下三个方面加以概括:

① 资源共享,优势互补。企业用于技术创新的资源优势包括资本优势、生产优势(设备、工艺和生产管理)、技术优势(技术的软硬件支撑条件、技术积累)、人才优势、市场优势(现有顾客群、销售渠道、品牌和商誉)。在现代企业技术创新活动中,对许多公司而言,长期拥有其创新所需的全部资源,实际上是不可能的,即使是实力雄厚的大企业也会面临资源短缺。这种相对的资源上的劣势,是制约成功的技术创新活动的瓶颈。市场的全球化一方面为企业提供了更为广阔的市场空间,另一方面也对企业在技术开发、产品设计、质量、价格上都提出了更为严格的要求,这意味着企业必须拥有更多的资源才能参与国际竞争,适应市场全球化的变化要求。企业想要在不断的创新中求得生存,就必须学习整合来自于外部和内部的在市场、资本和技术方面的资源优势,通过与竞争对手、上下游供应商、其他公共机构的合作,通过有效地发挥资源互补性的潜能,才能获得持续的技术创新能力。另外,在重大技术创新项目中,企业面对的技术问题越来越复杂,技术的综合性和集群性越来越强。研究开发一项新技术更是费用高昂、技术复杂的系统工程,其技术难度、规模等方面的要求,是任何一个企业单凭

自身实力难以自主完成的。如美国通用汽车公司与法国Smecma公司合作开发的一种飞机引擎项目,这一项目的创新过程大约需要10年时间,需要耗资近20亿美元,如此庞大的创新投资,是任何一家企业都无法独自承担的,必须通过合作,由两家或多家企业来共同参与,彼此各尽所能,取长补短。

② 加速创新,适应变化。由于技术的快速变化,世界市场上的竞争性不断加强,企业需要对此作出适度的反应。如人们所知,技术竞争的加剧,促使产品寿命周期不断缩短。这对企业的技术创新活动提出了前所未有的要求。企业需要越来越多地承受市场的巨大的不确定性,面对市场的快速多变。但是,想要完全通过企业自身的实力来独自承担这种变化,已经是一种不切实际的过时做法。企业必须采取新措施,不断加快技术创新速度,才能更好地适应市场的快速变化,适应激烈的技术竞争的需要。合作创新有助于缩短创新时间,增强企业的竞争地位。在存在竞争性创新的情况下,创新的时间长短对创新的成败起着决定性的作用。合作创新可以缩短收集资料、信息的时间,提高信息质量,增加信息占有量,降低信息费用。合作创新可以使创新资源组合趋于优化,使创新的各个环节能有一个比较好的接口环境和接口条件,从而缩短创新过程所需的时间。合作创新可以通过合作各方技术经验和教训的交流,集中各方智慧,减少创新过程中因判断失误所造成的时间损失和资源浪费。合作创新的成功能够为参与合作的企业赢得市场,带来经济效益,提高企业在市场竞争中的地位。尤其在高科技领域,强强联合是合作创新的常见现象之一。在信息技术领域,巨头级硬件厂商与硬件厂商、软件厂商与软件厂商、硬件厂商与软件厂商之间的合作创新方兴未艾,为了缩短开发时间、提高创新成功率,还出现了一种称为"虚拟公司"的研究开发组织,即为了快速开发某一种技术或某一种产品,若干企业、财团、研究单位临时组

成一个虚拟公司,聚合资源进行开发创新,一旦任务完成,则按照一定原则进行利益分配后该公司便自行解体。这样更增加了技术创新资源的流动性和聚合使用上的灵活性。

③ 分担成本,分散风险。麦肯锡公司驻日本公司的前董事长大前沿一认为,"由于开发突破性思想并将其变为可销售产品的成本飞涨,研究与开发活动也已成为固定成本"(大前沿一,1998)。在这种情况下,首先,企业进行技术创新的侧重点转向对这种固定成本的边际分担最大化,也就是说,需要注重提高销售额。例如,在电信业,由于预付的研究开发再投资规模巨大,为了分摊每一代新交换机所需的 10 亿~20 亿美元的研究开发投资,年销售量只有 200 万~300 万条线路的欧洲厂商就必须使每条线路的价格接近 200 美元,而年销售量达 600 万~800 万条线路的竞争对手,则可以把价格减到该数额的一半。按每条线路 150 美元预计价格计算,盈亏平衡点在 300 万~400 万条线路的年销售量上。这意味着企业在进行新一代交换机的技术创新的时候,必须增加产量,达到所需的规模。因此,必须通过寻找合作伙伴来共同进行研究与开发。其次,如果一个技术创新项目单独由某个企业承担其风险,当该项目的风险超过了该企业的承受能力,则有可能给企业带来生存危机。例如在航天工业,企业通常宁可在自己只拥有 10%股权的项目中利用自己的研发与生产能力,而不愿在一个项目中拥有全部股权。这是因为一个计划的失败或停止,不至于导致整个企业的财务毁灭。通过合作创新,能使更多的企业参与分摊创新成本和分散创新风险。合作创新对分摊创新成本和分散创新风险的作用与合作创新的规模和内容有关,一般说来,创新项目越大,内容越复杂,成本越高,风险越大,合作创新分散风险的作用也就越显著。更重要的是,合作创新有利于解决创新资源瓶颈,缩短开发时间,提高创新成功率,从而可能减少技术创新的总体风险,总体

风险再经分摊,合作各方所承担的风险将更小。

值得注意的是,战略联盟是否有利于创新能力的提高,在相当普遍的意义上是有争议的。反对战略联盟的理由之一是,战略联盟使合伙公司获得知识和资源,其长期结果是战略联盟培养了强大的竞争对手,最终行业领先公司将只能获得较低的利润。理由之二是,经过一段时间,试图刺激创新的战略联盟面临着如下挑战:公司可能太依赖战略联盟作为创新、实现战略目标和获得高于平均利润收益的方法。因此,在追求竞争力和高额利润的过程中,组织必须仔细评价与战略联盟相关的所有风险,这些风险有可能导致企业创新能力的下降。

生产联结型联盟常常可能降低企业的创新能力,联盟中的公司由于容易从外部资源获得低成本元件和廉价的装配件,会导致对合伙人的依赖。它们往往使公司丧失了有关改进关键的生产工艺和实验的技术和知识,公司最终因生产型联盟而丧失核心竞争力。此外,在战略联盟发展的初级阶段,常常存在着不适当的战略目标和不良的伙伴关系,它们往往起着扼杀创新机会、阻碍创新能力提高的作用。通用汽车公司与韩国大宇公司的战略联盟就是这样的一个生产联结型联盟的例子。通用大宇公司形成于1986年,计划在韩国生产小型汽车,销往美国市场。联盟的开始,两家公司都没有试图真正了解合作伙伴的长处和弱点,因此,通用大宇公司无法融合他们的目标和意图。实质上,通用公司运用这种战略联盟,只是想在小型汽车竞争的潮流中,把它作为一个防护栏,以防止通用的小型汽车在市场上消失。结果可以想见,通用大宇公司失败了,它并没有生产出适应市场竞争的创新产品。

通过产品联盟有望在短期获得财务收益,但就长期而言,这样的做法可能导致不良的后果。形成知识联结型联盟能使公司获得首创精神和发展创新能力。为形成知识型联结,公司首先必须充分了解自己的能力和竞争力。过去,高层管理者曾经认为战略联盟中51%的控制权是绝对重要的。但是,建立成功的战略联盟要求注重知识、辨别核心竞争力和开发管理这些核心竞争力的人力资源。例如,GM与日本自动控制与机器人公司(Fanuc Robotics Corporation)在1982年成立的GMF,它的目标是工厂自动化机器人的设计、市场开发、服务和开发应用。技术由GMF的母公司提供(不需要许可证)。GMF希望研制具备感觉功能的机器人。Fanuc的Sieuemon Inaba博士在1955年曾经领导开发工厂自动化装置,并在计算机数字化控制领域占据了世界领先地位。GM则除了占据美国机器人市场容量的1/3以外,还拥有一定的机器人技术方面的专业知识。来自双方公司的重要的研究者和工程师每天在一起工作,彼此学习双方自创的技术和专长,以此加强自身的能力和伙伴的能力,共同开发更小、更经济、更专业化的元件,以及开发程序和界面语言,如Karel程序语言。

第二篇
体制创新

3　体制环境

随着经济全球化趋势的加强,欧美国家纷纷通过加速科技成果的转化、增强创新能力来加速经济增长,创新能力被提到了前所未有的重要地位。创新是发展的灵魂,没有创新,就没有进步。没有创新能力,就没有竞争力。1999年8月中共中央、国务院《关于加强技术创新,发展高科技,实现产业化的决定》就明确指出:"通过深化改革,从根本上形成有利于科技成果转化的体制和机制,加强技术创新,发展高科技,实现产业化。这既是解决我国经济发展面临的深层问题、进一步提高国民经济整体素质和综合国力、实现跨越式发展的紧迫要求,也是应对国际竞争、确保中华民族在新世纪立于不败之地的战略抉择。"

建国以来,我国在经济、科技和教育方面都取得了令人瞩目的成绩,改革开放为各个方面的发展开创了新的机遇和条件。但是,长期计划经济条件下形成的科技与经济脱节,有限的科技资源尤其是技术创新资源难以优化配置的问题并未从根本上得以解决。这种现象越来越不能适应时代的要求,成为经济发展和科技发展的严重障碍。科技体制、经济体制的深化改革是解决科技与经济脱节的根本手段,这是在本质上对技术创新内涵的深刻把握。加强技术创新,提高技术创新能力,必须重塑创新环境,理顺外部体制,构筑内部机制。

3.1 经济体制

3.1.1 动力机制

早在1912年,熊彼特就在其成名作《经济发展理论》一书中指出,经济发展"可以定义为执行新的组合"(熊彼特,1991)。不仅如此,熊彼特还明确地将发明与创新区别开来。发明是指关于新的或改进的产品或系统的设想、框图或模型,发明是由发明家完成的,而创新则是指一种新的产品、工艺、方法或系统在经济中的最初引入,它是指发明成果转向商业应用,因此创新是由企业家完成的。一项技术发明能否通过企业家的活动转变为技术创新,关键是这项技术发明是否具有商业价值,即技术创新的报酬是否大于零。在熊彼特看来,技术创新是由企业家(企业)驱动的一个经济过程。这是技术创新的经济实质。因此,技术创新活动成败与否,与创新主体(企业或企业家)活动于其中的社会经济环境紧密相关。

(1) 有效需求

企业作为技术创新的主体,它的创新行为是在市场中完成的。企业的技术创新是以市场为导向,以市场成功为检验标准,最终目的是获得经济效益和社会效益。因此,只有通过完善市场机制,充分发挥市场作用,才能使技术创新得以引入,并且进入良性循环。从过程来看,技术创新涉及基础研究、应用与开发研究、中试和扩试、产业化几个阶段,每个阶段都是技术创新的有机环节。只有相互协调、密切衔接,创新才有可能成功。如果体制不畅、机制不灵、环节受阻,都会使得技术创新动力缺失,或者导致技术创新失败。这里最根本的是企业生存于其中的社会经济体制环境,可以说,技术创新是以社会经济体制的发展与完善为其前提和保证的。企业能否获得足够的进行创新的内在动力和活力,通过获取创新资源积极从事技术创新活动,并有效回避从事技术创新可能带来的风险,通过创新收益谋求自身的生存与发展,最终推动社会经济的不断发展,归根结底,都要涉及深层的体制问题。

在传统计划体制中,企业和科研人员从事创新,只是按照上级的部署,而不是根据市场需求,更不是来自有效需求。在计划经济条件下,发明、创新变成了一种任务或义务,变成了一种"惯例性活动"。熊彼特指出,一旦创新变成一种惯例活动,创新便失去了作为"经济增长发动机"的意义。

技术创新深层的动力因素来自资源与需求的矛盾,其中占主导地位的是需求。这种需求是对经济增长起长远的影响作用,并且受技术创新资源的限制或约束的需求,我们称之为有效需求。有效需求不是指一般意义上的需求关系,而是从功能上把握技术创新发生动因的一种特殊需求,它不是纯粹的市场需求或科研需求以及它们的组合,而是首先必须来自技术创新的最终目标——经济效益,其次是来自技术创新的起点条件——资源投入(叶明,1995)[89]。这样,技术创新才能成为经济结构内部的需求,成为有效提高经济效益、形成竞争能力的主要手段。导致技术创新所必要的有效需求的产生,关键在于能否形成一种宏观经济环境,使得每个经济组织都把技术创新当成生存与发展必不可少的、直接的和便利的选择。如果存在较之技术创新成本更低的生产条件或更为方便的发展途径能实现经济效益,那么就常常会将技术创新排除于选择可能之外。如果没有创造出必须采取技术创新才能生存和发展的经济环境,就不会存在有效需求;没有这种持续不断的有效需求,研究与发展水平再先进、规模再发达,也不会推动技术创新的发生、运行和扩散。

中国实现现代化的宏伟目标,历史已经决定了我们只可能利用科学技术来克服资源和能源方面的限制与困难而没有别的选择。但是,这种宏观需求如果不能成为各个经济组织不得不选择进行技术创新的动力,那么,依靠科技进步振兴中国经济的愿望再迫切,也不能转变为有效需求。这是因为:市场经济还不发达;市场经济的秩序尚未健全;竞争机制尚不完善;竞争压力不大或者缺乏公平竞争。在计划经济条件下,从宏观经济的大环境到企业的经营行为,都缺乏一种有利于激发技术创新的动力和活力的机制。在这种情况下,各经济组织既没有必要从科学研究中寻找创新思路,又没有必要了解真正的市场需求,并将它们转化为有效需求。

(2) 竞争条件

创新是一项与市场密切相关的活动。根据新古典学派的创新理论,创新是指生产要素的重新组合,这种组合只有企业家通过市场来实现。竞争程度、企业规模和垄断力量是技术创新的制约因素。

在熊彼特的理论体系中,创新被假定为是在完全竞争的条件下进行的。卡曼和施瓦茨(Kamien et al.,1975)从垄断竞争的角度对技术创新过程的研究,被认为是熊彼特理论的一个发展。他们研究了技术创新与市场结构之间的关系,认为决定技术创新的变量有三个:一是竞争程度,它导致技术创新的必要性,因为技术创新能获得比竞争对手更多的利润;二是企业规模,它影响技术创新所开辟的市场前景的大小,企业规模越大,技术创新所开辟的市场越大;三是垄断力量,它决定技术创新的持久性,垄断程度越高,对市场的控制越强,越不易被人在短期内模仿,技术创新越能持久。因此,最有利于技术创新的市场结构是介于垄断和完全竞争之间的所谓"中等程度的竞争"的市场结构。在完全垄断条件下,因为缺少竞争的威胁,不容易引起大的技术创新;在完全竞争条件下,因为缺少保障技术创新持久收益的垄断力量,也不利于引起大的技术创新。所以,市场竞争保持在一定程度,技术创新的速度将是最快的,技术创新的内容也将是最有价值的。在介于垄断和完全竞争之间的市场结构中,技术创新可以分为两种:一是垄断前景推动的技术创新,这是指一个企业由于预计自己所进行的技术创新能够获得垄断利润的前景而采取的技术创新措施;二是竞争前景推动的技术创新,这是指一个企业由于担心自己目前的产品可能在竞争对手模仿或创新的条件下丧失利润而采取的技术创新措施。如果只存在前一种创新,那么技术创新活动发展到一定阶段就会自动停止,因为创新者已经独占了垄断利润;如果只有后一种创新,那么技术创新活动也不易出现,因为缺乏垄断利润的吸引力。

3.1.2　体制转型

市场经济是"主要依靠市场机制来组织和调节经济运行或资源配置,以解决一个社会所面临的生产什么、怎样生产和为谁生产这样三个基本问题的一种体制"。市场经济作为一种资源配置方式,无论在什么样的社会经济制度下,都有一些共同的基本特征:它是一种自主经济、竞争经济、法制经济和开放经济。这些特征构成了市场经济与传统计划经济的根本性区别。

在计划经济条件下,商品价格长期处于僵化状态,不能随市场的供求状况而变化,造成价格信号失灵、创新迷失方向,由此造成了很大的资源浪费,以及创新机会的丧失。因为在计划体制下,企业生产什么、生产多少和怎样生产都是由计划控制的,而不是由市场调节的。企业主要根据非价格信号了解各种资源和产品相对稀缺程度的变化,并采取相应的调节方式。在市场经济条件下,技术创新具有巨大的潜在吸引力,若创新成功,企业会因此获得巨大收益。正是这种对收益的期望,不断推动着企业进行技术创新。在一个完善的市场体制条件下,市场公平地决定技术创新者的所得,创新者的回报是消费者对创新的接受程度的体现。市场经济中消费者需求的变化,常常是通过市场价格反映出来的,而创新往往在这样的方向上进行:节省那些价值变得相对昂贵的生产要素,即由市场价格信号引导创新。市场通过竞争给企业以创新压力,创新能力低下者,会被市场无情淘汰。也就是说,市场把创新成功与否的裁决权交予消费者,这既达到了满足消费者的作用,又达到了引导创新的目的。

从计划经济向市场经济的转型首先是一种经济体制或资源配置方式的转变过程,但是,仅仅从资源配置的角度无法全面理解经济和社会转型的深刻含义。从表面上看,市场机制是以价格为核心的。但是,没有产权制度的改革,价格信号是无法充分发挥作用的。而产权制度的形成与演进则既是社会分工和协作发展的结果,又要通过国家的法律加以确定和实施,因而就要求调整与之相适应的政治法律关系和形态。因此,市场制度是一个由多方面内容组成的有机整体,向市场经济的过渡不仅仅涉及资源配置方式的变化和经济体制的转型,而是社会经济、政治、文化等各个方面深刻变化的整体性过程。

我国在确定建立社会主义市场经济体制的改革目标后,推行了一系列以"放开"为内容的改革,其中包括产品、生产要素退出原有的计划分配或购销渠道。应该说,由计划经济体制转向市场经济体制,"放开"是必要的过程。但是,单是"放开"放不出社会主义市场经济,必须要有相应的制度建设来替代原有的计划经济体制,其中不仅包括市场制度的建设,也包括现代企业制度的建设以及政府调控制度的建设,还包括市场制度以外的其他制度的建设。

第一,是市场制度的建设,包括创建现代市场,建立完善的市场机制和良好的市场规范。第二,是企业制度的建设。在交易费用理论(Coase,1937)中,企业是作为对市场的一种制度替代而产生的。根据这个理论,企业制度的建设主要涉及两个方面。一方面是产权制度的建立。在向市场经济体制转型过程中,产权制度建设需要解决两大问题:一是明晰企业中产权的归属、控制、产权收益和风险;二是明确企业中的产权组织,其中包括出资者产权和法人产权分开后的法人治理结构等。另一方面是企业规模的调整。企业替代市场从一定意义上说,是将企业之间外部的市场协调,通过内部化的途径变成企业内部的管理协调。第三,是政府调控制度的建设。在转向市场经济体制后,政府应该在市场失灵的领域发挥调节功能,政府的调控机制也需要制度化,即需要建立政府干预的规范。第四,是市场的法制与秩序的建设。其中包括产权制度等市场制度的法律保障;企业进入市场、退出市场以及市场竞争的秩序;企业间合同的签订、执行的法律约束和监督等方面的制度建设。第五,是道德规范建设。市场经济条件下,社会利益的实现并不都是企业追求自身利益的结果。为了实现社会的利益,企业还应遵守社会共同的道德标准。这种道德规范的建设,一个重要的内容是克服市场运行中各种机会主义和搭便车行为,提高市场运行效率。

3.1.3 政府职能

新古典市场经济理论假定经济行为人在确定的条件下进行决策,即假定在市场经济的运行中信息是完全的,个人的经济行为完全由价格来支配,价格在经济行为人之间传递有关稀缺性的信息。信息经济理论则发现,价格作为资源配置的一个指示器远不是一贯正确、确实可行的,原因是不确定性是许多决策过程的一个特征。现实中的竞争市场都是信息不完全的。当市场信息不完全时,市场配置资源不一定是有效的。阿罗指出了以下两方面的信息不完全问题:①由于未来状况的不确定性,市场在转移风险负担方面是失效的,原因是经济系统不能为未来创造出风险承担的完备的市场。②价格信息是不完全的,实际经济行为部分地是由非价格变量支配的。信息的不完全,加大了市场调节的成本。信息经济学指出,信息不完全是由于市场的不确定性和人的有限理性的存在。市场的不确定是指供求方面的有关因素是难以预见清楚的,而西蒙倡导的有限理性(bounded rationality)概念则认为,人们不具有完全的计算能力,在处理、加工和贮藏信息方面能力不足。

"市场失灵"在发展中国家可能源于多方面的原因。首先是由于外部性的存在,市场机制对私有产品的生产和流通的调节是有效的,而对公共产品常常无能为力。因为它难以解决"搭便车"问题,个人的自由选择不一定会实现社会福利最大化。其次是市场不完善所导致的"市场失灵"。市场具有不完全性,未来具有不确定性,寻找交易机会需要时间,因此交易者要花费交易成本。再次是由于制度原因导致的市场机制扭曲。这表现在:①产权边界不清晰,完全竞争市场形成的假设条件是市场行为者的产权主体和边界是严格界定的,因而他们对市场能作出出于自身利益考虑的理性的反应。②行政化的竞争规则对以产权界定为原则的市场化竞争规则的冲击,使得市场秩序紊乱。③市场信号严重失真,价格、利率、工资率均不能真实反映资源的稀缺性。市场信号失真必然导致市场机制扭曲。④全国统一的市场尚未形成。⑤受传统社会文化因素的影响,企业创新动力不足,缺乏企业家的创新、冒险精神。

创新必须以市场机制为基础,但由于创新过程内在的技术的不确定性、市场的不确定性、权益分配的不确定性和政策环境的不确定性,以及市场机制在激励创新中的不完善,从而需要一定的政府干预,需要政府负担起应负的责任并对相关的各项事务发挥重要影响。也就是说,在"看不见的手"(斯密,1974)失效的地方,就要充分发挥"看得见的手"(钱德勒,1987)的作用,这是政府职能的基本要义所在。对于发展中国家来说,情况尤其如此,因为这些国家的企业创新能力低,政府应在为企业创新系统构筑良好的符合本国国情的政策法律环境和基础设施方面发挥应有的作用,通过政策、法规、计划、项目、采购、财政金融、服务等多种形式影响、引导与干预创新活动。在我国市场机制不完善和企业技术创新能力较弱的现状下,政府对技术创新的引导和扶持更是必不可少的。

但是这种干预和扶持又与计划体制时代完全不同,这是转变政府职能的基本依据所在。在计划经济体制下,由于国家既是全民所有制企事业单位的所有者,又是经营者和管理者,因此国家对社会生活的几乎所有方面都采取直接管理的方式。政府在技术创新活动中担负着几乎无限的责任与义务:既要负责资源的筹措和分配,又要负责创新项目从立项到验收的全过程管理;既要负责创新成果的推广应用,还要协调分别由不同政府部门管理的各类产学研单位;等等。政府职能的转变体现在:从直接组织创新项目、干预企业技术创新为主转向以宏观调控、政策引导、创造环境、提供服务为主。政府部门的责任是明确职责,理顺管理体制,努力做好规划指导、财力支撑、政策激励、培育市场、提供保护、聚集人才、综合服务等方面的工作。

强化政府的作用,重在解决"市场失效"与"系统失效"。技术创新中的"市场失效",主要表现在一些重要的、长远的研究与开发项目和基础性的、公益性的研究与开发项目很难吸引企业投资,同时,由于短期利益的影响,一些企业也不愿意增加研究与开发投入。为此,政府必须保证对基础性、长远性和公益性研究项目的支持。为了增加企业对研究与开发的投入,政府需要在税收、补贴等方面采取激励措施。为避免市场的扭曲作用,需要健全科技法规和加强政府的引导作用。"系统失效"主要表现在系统内部各类角色之间的相互联系和合作的低效。例如,各政府部门面向创新活动的各种努力缺乏协调,政府研究机构的基础研究和企业的应用研究、技术开发之间不匹配,技术转移机构还没有发挥很好的作用,企业的信息获取和技术吸收能力较低等。

中国经济社会是从计划经济向市场经济转型的社会,转型意味着市场经济体制从无到有的过程。建立在这一基础上的政府职能转变的重要内容,是从计划管理经济的职能转向培植市场体制的职能。因此,政府在市场转型中的职能应该根据中国社会经济转型和建立社会主义市场经济体制的要求,努力培植市场体制。

在转型时期,政府的职能是大力培植市场经济体制,其主要的职能可以概括为如下几个方面:①培植作为市场主体的企业,形成市场的微观基础。市场主体是市场活动中具有独立意志和利益需求的基本单位,企业是市场活动的重要主体和市场经济的微观基础。政府的职能之一是保护企业的产权和其他合法权利,运用经济手段积极引导企业向现代企业的方向发展。对于我国的大中型国有企业,核心问题是如何把计划经济条件下建立的国有企业改造为市场主体,并按照"产权清晰、权责明确、政企分开、管理科学"的要求,建立现代企业制度。②确立市场竞争规则,造就市场的竞争秩序。市场竞争规则是市场正常运行的必要条件。按照新制度主义经济学的看法,市场竞争规则的产生有两种可能:一是市场主体在利益冲突和竞争中,根据比较成本和收益的理性计算,形成市场基础上的规则。二是市场不能自发形成的规则,需要市场以外的强制力供给,即由政府提供的所谓强制性制度。一般来说,由于前者需要利益冲突和竞争的双方或多方长期的反复博弈,其成本相对高昂。因此,在建立市场体制的初期,往往首先需要政府建立强制性规则。另一方面,由于市场基础上自发形成的规则具有不稳定性和不明确性,因此需要以法律的方式予以确认。两者构成了政府培植市场体制的基本职能。③建立和完善统一的市场体系和市场机制,是政府建立和培植市场经济体制过程中的重要职能。

3.2 科技体制

3.2.1 改革进程

当代,以信息技术、生物技术为代表的高新技术及其产业正迅猛发展,科技成果转化为现实生产力的速度越来越快,科技成果产业化成为科技和经济发展的重要特征,成为促进生产力飞跃的强大动力。一个国家综合国力和国际竞争力的强弱,取决于科学技术水平和技术创新能力。完全可以说,没有科学技术进步就无以兴国。创新精神和创新机制是决定经济、科技和社会发展极为重要的因素。

科技体制改革是关系现代化建设全局的一个重大问题,围绕国家经济体制改革的总目标,科技体制改革的根本目的是"使科学技术成果迅速地广泛地应用于生产,使科学技术人员的作用得到充分发挥,大大解放科学技术生产力,促进经济和社会的发展"(中共中央文献研究室,2008)。改革开放以来,经济体制的转型变革和高新技术领域的全球协作竞争的迅猛发展,为科技体制的改革和演变提供了压力机制和动力基础。根据各个不同时期科技体制在指导思想、战略目标和路径等方面的转变,大致上,我们把科技体制的改革进程分为四个阶段。

(1) 第一阶段：1978—1984 年

1978 年 3 月全国科学大会召开，大会审议通过了《1978—1985 年全国科学技术发展规划纲要（草案）》，这是我国第三个科技发展长远规划，提出了"全面安排，突出重点"的指导方针。在全国科学大会上，邓小平关于"科学技术是生产力""知识分子是工人阶级的一部分""四个现代化的关键是科学技术现代化"等重要论断（方新，2018），为科技体制改革的正式启动奠定了思想基础。1988 年，随着改革开放的进一步深入，邓小平进一步提出"科学技术是第一生产力"。

(2) 第二阶段：1985—1994 年

1985 年 3 月 5 日中共中央《关于科学技术体制改革的决定》颁布，拉开了中国科技体制改革正式启动的序幕，明确提出了科技体制改革的根本目的是"使科学技术成果迅速地广泛地应用于生产，使科学技术人员的作用得到充分发挥，大大解放科学技术生产力，促进经济和社会的发展"。文件指出：科技工作必须紧紧围绕"振兴经济、实现四化"这个中心，服务这个中心；指导思想是"科学技术要面向经济建设，经济建设要依靠科学技术"；中心任务是要着力解决科技与经济"两张皮"的问题，实现科技与经济协调发展，加速推进科技与经济一体化。1993 年，十四届三中全会审议通过《中共中央关于建立社会主义市场经济体制若干问题的决定》，关于科技体制改革明确提出的要求有：改革科技管理体制，加快国家创新体系建设，促进全社会科技资源高效配置和综合集成，提高科技创新能力，实现科技和经济社会发展紧密结合；确立企业技术创新和科技投入的主体地位，为各类企业创新活动提供平等竞争条件；必须由国家支持的从事基础研究、战略高技术、重要公益研究领域创新活动的研究机构，要按照职责明确、评价科学、开放有序、管理规范的原则建立现代科研院所制度;等等。

(3) 第三阶段:1995—2005 年

1995 年中共中央、国务院颁布《关于加速科学技术进步的决定》,这个重要文件一般认为是提出实施"科教兴国"战略的重要标志,但更根本的意义在于,文件明确提出了"建立适应社会主义市场经济体制和科技自身发展规律的科技体制"的改革目标。确立"适应社会主义市场经济体制"的改革方向,对中国科技体制的变革产生了深远的影响。1999 年,国务院办公厅转发科技部等七部委《关于促进科技成果转化的若干规定》《关于深化转制科研机构产权制度改革的若干意见》《关于进一步加强原始创新能力的若干意见》《关于建立风险投资机制的若干意见》《关于加强技术创新,发展高科技,实现产业化的决定》等一系列政策,全面实施科教兴国战略。《关于加强技术创新,发展高科技,实现产业化的决定》的颁布,标志着科技体制改革进入推进以企业为主体,加速科技成果产业化,加强国家创新体系建设的新阶段。文件进一步指出:要围绕国民经济结构的重大战略性调整,增强综合国力和国际竞争力,加速科技进步和技术创新,大力促进产业结构优化升级,显著提高国民经济整体素质。在具体工作中,一方面要用高新技术改造和提高传统产业,促进传统产业升级;另一方面要不失时机地加速发展高科技和创新技术产业,带动和促进新兴产业的崛起。同时,必须把改造和提升传统产业、加速发展高新技术产业很好地结合起来,走有中国特色的技术跨越发展道路。

(4) 第四阶段:2006 年—

2006 年 2 月,国务院发布《国家中长期科学和技术发展规划纲要(2006—2020 年)》(以下简称《纲要》),这是中国市场经济体制基本建立及加入世贸组织后的首个国家科技规划。为配合《纲要》实施,2006 年 2 月,国务院印发《实施〈国家中长期科学和技术发展规划纲要(2006—2020年)〉若干配套政策》,从增加科技投入、加强税收激励和金融支持、利用政府采购扶持自主创新、支持引进消化吸收再创新、创造和保护知识产权、加快创新人才队伍培养和建设、发挥教育与科普对创新的促进作用、建设科技创新基地与平台、加强统筹协调等十个方面提出了创新政策框架。同时出台的政策还有《关于实施科技规划纲要、增强自主创新能力的决定》,明确提出今后十五年科技工作的指导方针,即"自主创新,重点跨越,支撑发展,引领未来"。《纲要》指出了我国科技体制改革与建设创新型国家的明确要求:要建立以企业为主体、产学研结合的技术创新体系,全面推进国家创新体系建设,到2020年建设成创新型国家。2012年全国科技创新大会召开后,国务院成立了科技体制改革和创新体系建设领导小组。在2012年《中共中央国务院关于深化科技体制改革加快国家创新体系建设的意见》、2015年《中共中央国务院关于深化体制机制改革加快实施创新驱动发展战略的若干意见》等文件的基础上,2015年9月,中共中央办公厅、国务院办公厅印发了《深化科技体制改革实施方案》,以问题为导向,从十个方面推出32项改革举措,对科技体制改革和创新驱动发展做出了全面部署,主要目标是到2020年,在科技体制改革的重要领域和关键环节取得突破性成果,基本建立适应创新驱动发展战略要求、符合社会主义市场经济规律和科技创新发展规律的中国特色国家创新体系,进入创新型国家行列。2016年,《国家创新驱动发展战略纲要》进一步明确提出深化科技体制改革、大力实施创新驱动发展战略,是新时期推进创新工作、建设创新型国家的纲领性文件,提出"坚持科技体制改革和经济社会领域改革同步发力""强调科技创新是提高社会生产力和综合国力的战略支撑,必须摆在国家发展全局的核心位置",科技创新被提到了前所未有的战略高度。十九大再次提出"深化科技体制改革,建立以企业为主体、市场为导向、产学研深度融合的技术创新体系,加强对中小企业创新的支持,促进科技成果转化"。2019 年中央经济工作会议指出,"要深化科技体制改革,加快科技成果转化应用,加快提升企业技术创新能力,发挥国有企业在技术创新中的积极作用,健全鼓励支持基础研究、原始创新的体制机制,完善科技人才发现、培养、激励机制"。

3.2.2 主要成就

20 世纪 80 年代初期,我国强调科技工作要为经济建设服务,并明确提出"经济建设必须依靠科学技术,科学技术工作必须面向经济建设"的战略方针。围绕科技成果转化以及科技与经济结合,国家进行了科研机构改革、创办科研生产联合体、发展技术市场、改革拨款制度、兴办高新技术产业开发区等多方面的改革和探索。同时,国家先后组织实施了重点科技攻关计划、星火计划、"863"计划、火炬计划、科技成果重点推广计划、技术创新工程、社会发展科技计划、国家重点工业性试验计划、高技术产业化示范工程建设计划等一系列促进科技成果产业化的发展计划。但应当看到,科技体制虽经二十年的不断改革,但我国技术创新和科技成果产业化的总体水平仍然比较低,自主创新能力比较弱,重大技术创新成果还比较少,科技与经济脱节的问题还没有得到根本解决,主要表现在以下几个方面。一是我国大部分科技资源都集中在独立的科研机构中,游离于企业之外,不适应加速科技成果产业化的要求;科研机构条块分割、分散重复,科技资源浪费比较严重。二是科技成果产业化的发展速度比较慢,应用研究存在重论文、轻开发、轻成果转化的现象。三是促进科技成果产业化的市场机制不健全。四是促进科技成果产业化的政策力度不够。所有这些都有其体制方面的深刻原因。首先,政府与市场在创新中的互动关系尚未确立起来。这主要是由于我国市场经济转型时期,市场关系尚未完善,计划体制的惯性仍在起作用,表现在市场资源配置方面仍显乏力,市场需求的拉力不足。其次,企业作为技术创新主体的地位尚未真正确立。对于国有企业而言,由于产权不清、管理体系不健全,企业缺乏创新的动力和相应的实力。一方面,由于政企不分的状况没有得到根本改变,国有企业未能摆脱对政府的依赖,经营自主权不能完全落实,经营责任不强。另一方面,国有企业的国有产权难以通过市场进行流动,使市场对企业的调节和监督功能大大弱化。企业难以成为真正意义上的面对市场的竞争主体,因而缺乏进行技术创新的压力与动机。企业对创新的投入没有较大幅度的提高,技术开发能力也比较薄弱,没有形成自己的核心技术能力,创新的组织机制也不完善。再次,科技体制改革已经取得很大成绩,但主要是解决科研院所的体制问题,还没来得及研究解决科技与经济深层结合的体制问题。

党的十八大以来,创新驱动发展战略深入实施,加速推动科技与经济从"面向、依靠、服务"到"融合、支撑、引领"的历史性转变。我国科技进步贡献率由 2001 年的 39% 提高到 2017 年的 57.5%,2019 年已接近 60%。我国科技创新的主要创新指标不断提升、逐步进入世界前列,成为具有重要影响力的科技大国。根据世界知识产权组织(WIPO)《全球创新指数报告》,我国国家创新指数排名由 2000 年全球第 38 位上升至 2012 年第 34 位,2019 年跃升至第 14 位,是唯一跻身前 15 位的发展中国家(贺德方等,2020)。

2013 年,我国全社会研发经费支出占国内生产总值的 2.09%,位居世界第 3 位;国际科学论文产出数量居世界第 2 位,论文共被引用次数排名世界第 4 位;发明专利申请量和授权量分别居世界首位和第 2 位,占全球总量的 37.9% 和 22.3%;高技术产业出口占制造业出口的比重居世界首位,知识服务业增加值居世界第 3 位;研发人员全时当量居世界首位,占全球总量的 9.2%。2017 年,全社会研发支出占国内生产总值比重为2.15%,超过欧盟15国2.1%的平均水平;国际科技论文总量比2012年增长70%,居世界第2位,国际科技论文被引量首次超过德国、英国,跃居世界第2位;发明专利申请量和授权量均居世界第一;全国技术合同成交额达1.3万亿元;全国高新技术企业总数超过13.6万家,研发投入占比超过全国的50%,发明专利授权量占比全国40%,上缴税费预计超过1.5万亿元,营业总收入预计超过30万亿元,增长均达到10%以上,提供就业岗位超过2 500万个(万钢,2018)。2018年,我国各类孵化机构共计1.1万家,服务创业团队和初创企业57万家;创业投资管理资本总额近9 000亿元,进入世界前列;高新技术企业所得税优惠减免税额超1 900亿元。普惠性的企业研发费用税前加计扣除比例达到75%。2008年以来,我国研发费用加计扣除政策为企业减免的税额以年均超30%的速度增长,2018年减免企业税额达2 794亿元,已成为我国企业减税降费的亮点(贺德方等,2020)。

改革开放四十多年来,我国科技体制的改革取得了显著成效,科技创新取得了突出的成绩,正在逐步从科技创新大国向科技创新强国转变。但同时也应看到,中国现行科技体制供给与科技发展的制度需求之间还存在诸多不相适应之处,"强化企业创新主体地位、提升企业自主创新能力"已经成为科技体制改革的当务之急(孙玉涛等,2021)。中国科技体制仍然存在一些亟待解决的突出问题:①基础研究的短板问题依然突出。政府与企业对基础研究投入总量不足且结构不合理,缺乏重大原创性成果,底层基础技术、基础工艺能力不足,工业母机、高端芯片、基础软硬件、开发平台、基本算法、基础元器件、基础材料等瓶颈问题仍然突出。我国制造业规模虽大但是科技含量不足,关键核心技术对外依赖性高(程磊,2019)。②高新技术产业关键核心技术缺乏。2001年至

2018年中国成为全球第一大高新技术产品出口国。然而,中国高技术产品出口中的80%左右是三资企业的贡献。三资企业2005年产业增加值占整个产业发展比例达到了65.5%,2008年工业总产值占整个产业发展的比例达到70.25%,2008年以后三资企业比例有所下降,但2018年主营业务收入仍然占42.11%(孙玉涛等,2021),外资企业凭借其对关键核心技术的掌控,利用优惠的地方税收条件、廉价的本地劳动力和资源环境成本,已经占据中国高技术产业半壁以上的江山,赚取了高技术产品进出口形成的主要利润(孙玉涛等,2016)。可以说,"产业核心技术缺乏,关键领域核心技术受制于人的局面没有从根本上改变,很多产业还处在全球产业链和价值链的中低端,仍然困扰着创新驱动发展"(陈劲,2017)。③企业技术创新的主体地位还没有很好地建立起来。一是企业创新研发投入不足,尤其是企业基础研究投入力度有待加强。数据显示,我国企业在基础研究的投入上只有3%,而美国是27%,日本约50%,韩国将近60%(赵剑影等,2020)。二是关键共性技术供给不足,激励企业创新的机制不健全。三是科研人员主要集中在高校和科研机构,企业研发人员只占全国科研人员3%。四是科技型企业的小、散、弱现象仍然突出。中国科技型企业数量多,但许多企业规模小、技术基础相对薄弱,对于投入大、周期长、难度和市场风险大的原始创新难以胜任(苏继成等,2021)。

从根本上讲,中国现代化发展最终要靠全国几百万个企业。大规模的技术创新关键的中介环节是企业,尤其是有关国计民生的支柱企业。因此,科技体制改革和经济体制改革的交叉点和结合应当是企业,主要是在企业的技术需求机制和企业的技术开发力量上,这也是目前体制改革最薄弱的环节。如果企业本身没有内在的技术需求机制和足够的技术开发力量,而把技术创新的希望寄托在游离于企业之外的科研机构,不仅不会成功而且难以实现。只有当企业将创新及其扩散的双重任务一肩挑时,科技与经济的结合才能真正具有经久不衰的生命力。所以,中国体制改革是否成功的衡量标准之一,就是企业能否成为技术创新的主体,能否成为研究与发展的投资主体。

3.2.3 关键环节

进一步深化体制改革,是加速科技进步、加强技术创新的根本途径和关键环节。衡量技术创新成效的根本标准在于能否促进生产力发展。经济持续发展和社会全面进步是技术创新的根本出发点和落脚点。为了建立符合社会主义市场经济发展要求和科技自身发展规律的体制和运行机制,必须加大改革力度,特别要积极推进经济体制、科技体制和教育体制的配套改革,从根本上解决经济、科技、教育相脱节的问题。

(1) 企业主体地位

最重要的是,要加快建立以企业为中心的技术创新体系,使企业成为技术创新的主体,全面提高企业技术创新能力。要把技术创新和企业改革有机地结合起来,国有企业在建立现代企业制度的改革中,要把建立技术创新机制作为重要内容。切实加强研究开发和科技成果的转化与运用,这是提高企业素质和竞争力的关键。1999年《中共中央关于国有企业改革和发展若干重大问题的决定》和《中共中央、国务院关于加强技术创新,发展高科技,实现产业化的决定》就明确指出,要实现国民经济持续快速健康发展,必须适应全球产业结构调整的大趋势和国内外市场的变化,加快技术进步和产业升级,形成以企业为中心的技术创新体系。确立企业是技术创新主体的关键是加快经济体制改革,建立适应市场经济发展规律的企业制度,培育市场,使市场在资源配置中起决定性作用,使企业成为有创新动力的企业,成为创新投资、决策和收益的主体。

在社会主义市场经济条件下,国有经济在国民经济中的主导作用主要体现在控制力上。增强国有经济的控制力,关键在于提高国有企业的竞争力,而大力提高国有企业和国有控股企业的技术创新能力,越来越成为其提高市场竞争能力和抵御风险能力的关键。目前,我国大多数行业出现阶段性、结构性相对过剩,加入世界贸易组织(WTO)以后,我国企业面临极大的挑战和机遇。开展技术创新的根本目的,就是要大幅度提高国有企业的市场竞争力,增强国有经济的控制力。

坚持企业是技术创新的主体,是建立现代企业制度的中心内容。但是由于长期受计划体制的制约,科技力量分布不平衡,大学、科研单位力量相对较强,企业开发能力相对较弱,企业成为技术创新主体有一个长期的过程,因此,必须进一步积极探索新形势、新环境条件下充分利用已有科技资源开展技术创新的途径。①进一步加强政府职能的转变,提高对技术创新战略意义的认识。②要彻底打破部门分割、自成体系的传统观念,采取有效措施,鼓励企业以委托科研、合作科研的方式,投资建立一批研究开发机构。这种研究机构既可建在高校、科研院所,也可建在企业,其目的是要有利于技术创新。科研经费要注意向这种创新机构倾斜,采取企业投入与国家投资相结合。③为避免企业技术创新观念的短期化和创新的急功近利,鼓励企业走持续发展的技术创新之路。从鼓励企业进行不断创新入手,运用政府在政策引导、财政资助、组织协调及宏观指导方面的有力手段,优化与配置科技资源,推进技术创新体系的建立和完善。④加大技术创新过程中知识产权保护力度,把平衡利益关系放在第一位。知识产权、利益分配是技术创新工作的重要影响因素,必须要结合我国的科技成果转化法、专利法、科技进步法等法律法规,制定技术创新中的知识产权保护和利益分配办法，保证各方利益的真正实现。企业作为技术创新的主要受益者，必须要真正变成投资主体，加大对创新工作的投入。

(2) 技术跨越发展

第一次产业革命以来，世界上一些国家科技、经济的迅速兴起，都是同依靠科技进步实现技术发展跨越密切相关的。我国要在21世纪中叶实现技术创新强国的战略目标，必须在一些关键产业和重点领域充分依靠科技进步，实现技术的跨越发展。

我国已经具备了一定的实现技术发展跨越的基础和条件。一是有了较强的科技实力和一批达到或接近世界先进水平的科技成果。二是在某些产业领域已取得成功的经验。例如国产程控交换机、汉字激光照排系统等一批具有自主知识产权的产业成功发展起来，在技术发展的跨越方面走出了一条可行道路。三是有后发优势，即直接利用已有的先进科技成果，从较高的起点开始，能够更快地进入新兴产业领域。四是有新技术革命提供的良好机遇。高新技术产业的竞争表明，在技术上领先一步甚至半步，就有可能取得市场竞争的主动权。从某种意义上说，在新技术的应用上，所有国家和企业面临相同或相似的机遇，而赢得市场的关键因素在于加强技术创新和加速科技成果产业化。五是社会主义制度有集中力量办大事的优势。二十世纪五六十年代"两弹一星"的研制成功以及大庆油田的发现和开发依靠的就是这个优势。

实现技术发展的跨越，必须集中力量，突出重点。在鼓励企业增加科技投入的同时，国家经费要突出重点，支持技术发展的跨越。加速技术创新和科技成果产业化，需要深化体制改革，转变运行机制，这关系到能否把现有科研设施的能力合理配置和充分利用起来，把广大科技人员的聪明才智和潜能充分发挥出来，把我国科技成果产业化的巨大潜力充分发掘出来。具体来说，主要包括以下四个方面：

① 提高企业技术创新能力。加速技术创新和科技成果产业化,必须建立和健全企业的技术创新机制,要通过深化企业改革,建立现代企业制度,不断增强企业的技术创新能力,促使企业成为技术创新的主体,成为科技成果产业化的主体。

② 加大科技体制改革力度。要积极推动产学研联合,深化科技、经济、教育体制改革。科技成果产业化的一个重要体制特征,就是企业在技术创新和科技成果产业化方面扮演最重要的角色。由于条块分割导致我国科研机构的重复设置、科研课题的重复研究,因此必须减少独立科研机构的数量,推动科研机构向企业转制,让大量科技人员进入企业或自身改制为企业,从而进入市场竞争第一线。

③ 大力发展科技型中小企业。科技型中小企业是当前世界高新技术产业发展中最活跃的创新群体,是科技成果产业化的生力军,是提高国家经济竞争力的重要组成部分。改革开放以来,我国科技型中小企业得到了迅速发展,成为科技成果产业化方面的一支有生力量。我国著名的高科技企业中有许多是从科技型中小企业逐步发展壮大起来的。

④ 鼓励支持民营科技企业的发展。民营科技企业具有资本需求小、决策机制灵活、管理成本低、适应市场能力强的特点,其产品的自主知识产权含量高,特别是在科技成果产业化的效率方面具有独特优势。由于历史原因,我国许多民营科技企业存在与国有企事业单位产权关系不清问题,这已经影响了民营科技企业发展的积极性。要妥善解决产权问题,在维护国有资产合法权益的同时,充分保障个人的合法权益,特别要注意保护科技人员的知识产权,可以通过采取股份、期权等形式,帮助它们尽快解决这个历史遗留问题,进一步提高企业经营者、科技人员和职工的积极性,使民营科技企业健康发展。

4 经济杠杆

政府激励创新的财政、金融政策要着重解决创新风险分担和新建科技企业的融资问题。风险投资无疑是支持创新的最重要的金融政策之一,而在我国转型经济条件下,不断深化金融体制改革,努力为创新与创业塑造良好的融资环境显然十分重要。选择经济杠杆推动技术创新有两方面的含义:一是直接经济支持,二是间接经济刺激。前者通过种种措施把政府资金转到创新主体身上,使之有能力从事原来不可能完成的创新活动;后者是通过种种措施刺激创新主体增加技术创新投入,从而在创新成功中获得更多利益。它们主要包括择优贷款、委托补助、减免税收、重点奖励,金融支持包括基金扶持、风险投资等几个方面。

4.1 财政支持

4.1.1 择优贷款

将有限的政府财政资金重点择优支持有应用前景的基础研究和有关国计民生或关键性的高技术开发,这是从根本上提高国家技术创新能力的关键一环。择优的原则是"扶优、扶重、扶新",要利用有限的资金,集中力量支持优势产品、重点战略产品和发展前途广阔有潜在竞争力的新产品。政府对于从研究发展到商业应用的各个环节上提供低息、无息的优惠贷款,无疑是对高技术企业的强有力支持。

在"扶优"方面,企业是技术创新的主体,创新必须由企业通过对生产要素的重新组合来最终实现。全国一大批较早在国内外具有较高知名度和较强技术创新能力的高新技术企业,都曾得到政府的优惠贷款。北京市新技术产业开发试验区是国家正式批准建立的第一个国家级技术产业开发区,它运用择优贷款的"优生学"办法,加快企业、科研院所、高校三位一体的创新步伐。为了重塑企业的主体地位,促使企业成为技术创新主体,技术创新管理部门转变工作方式:在思想观念上,从以管理部门组织推动为主向以企业为主转变;在管理方式上,从以计划调控为主向以政策引导和市场引导为主转变;在工作内容上,从以引导企业的产品开发为主向以增强企业创新能力为主转变;在运行机制上,从以高等院校、研究院所的开发为主向以企业为主进行自主开发、产学研联合、引进技术的有机结合转变,建立健全企业技术创新系统及运行机制,加强企业技术开发机构建设,采取有效措施加大技术开发投入,改善企业的研究与发展条件,推动企业形成规划决策、技术开发、质量保证、信息情报、人才培养等体系。

"扶优"是为了企业技术创新能力的根本提升:以市场为导向,以产品为龙头,以效益为中心,以管理为基础,强化技术储备和技术开发,在产品生产各环节上渗透创新,缩短产品开发周期,形成开发具有自主知识产权的主导产品和名牌产品的能力;合理利用国外技术,注重引进关键和先进技术,集成国内科技力量,进行消化吸收和"二次创新";理顺企业、高校、科研院所关系,实现生产要素新组合,促进科研院所、高校的高新技术、科技人员和信息等流向企业,实现资源的共享和有效利用;围绕重大产业和关键技术,建立各级重点工程技术中心、重点实验室、重点研究中心,为技术创新提供新的组织形式,保证创新所需技术、人才、信息等资源的稳定供应和有效结合。

"扶重"的目的是发展高新技术产业,促进传统产业信息化、知识化:发挥高新技术开发区的示范效应,把一批重点贷款项目建成技术创新基地;转变企业靠设备升级实现技术改造的传统观念,树立新产品开发、信息技术应用等技术改造的全新观念,例如,对"火炬""星火"项目给予重点扶持,最终从根本上改变传统产业的生产方式,推动传统产业向信息化、集约化发展,促进产品升级换代,促进产品结构和产业结构的优化。"星火"项目把贷款广泛运用于生物工程、信息技术等高新技术领域,使"星火"中的农业科技和生产力实现质的飞跃;坚持应用研究与技术引进、高新技术与常规技术、科学研究与成果推广相结合,在动植物良种选育、农业资源高效利用、现代化集约化种养技术、农业生物灾害防治、农业信息工程等方面取得突破;改革农业贷款体制,突出重点、调整布局、联合攻关,逐步建立起农业科技创新系统,提高科技对农业增长的贡献率。

在"扶新"方面,应把贷款倾向于以生物技术为先导、以信息技术为主体的纵深研究方向上,这对人类的健康、环保等行业的发展具有重要的潜在意义。目前国际上对生命科学和生物技术的研究还处在起步阶段,在某些方面,我国应继续加强和保持这一领域的优势,集中各种力量,在开展合作研究的基础上进行自主创新,突破关键技术,在国际竞争中获取领先地位,为中国今后的长期发展积累后劲,在此过程中逐步培育生命科学和生物技术下游技术的发展,为新产业的发展作准备。

信息技术也是择优贷款中"扶新"的一个主要方向。信息技术的研究已经成为推动当前经济发展的主体技术。信息社会已经来到,我国大幅度加强信息技术向各个产业的辐射渗透的时机已经成熟。在引进国外先进技术的基础上,结合自身的技术特点,大幅度地开展"二次创新",在建立有自主知识产权的软件技术和网络服务上,大力推动传统产业和第三产业的信息化,使信息技术对国民经济增长的拉动作用大大提高。

在信息、生物社会逐渐来临之际,我国的信息电子产业面临着重大机遇。我国信息电子产业的基础较好,人才较多,也有着一批大型的研究院所和高等学校,只要有好的政府贷款政策,在市场体制逐渐完善的背景下,一批富有创新精神的科技企业家们就可以率先在这个领域进行创业。同样,从整体水平看,我国生物工程产业同世界发达国家相比相对落后,生物计算机、生物传感器等生物技术领域仍处于起步阶段。这就需要政府在扶持和贷款方面进行择优选择。

在择优贷款的资金方面,政府还要强化对技术创新的金融扶持。长远来看,在金融扶持方面,政府要积极探索高新技术成果与资本市场的有机结合:支持经营业绩好的高新技术企业直接进入国内和国际证券市场进行融资,或通过资产重组进入证券市场,支持已上市高新技术企业在证券市场上进行再筹资,支持科技型中小企业到香港创业板市场及境外创业板市场进行融资;已上市公司要将募集资金主要投向技术含量高、市场前景好、附加值高、具有自主知识产权的高新技术产业化项目;等等。

4.1.2 委托补助

在技术创新的过程中,设立专门的委托补助基金支持研究发展以后的各个环节,主要包括预生产工程、中间试验工厂建造、市场开发与销售、新设备引进或生产方法引进等,使整个技术创新支持计划更为合理和有效,形成一个能促使经济组织获得更多应用成果的有机整体。

在资金投入方面,地方各级人民政府应当逐步增加科技资金投入,重点支持高新技术领域的应用基础研究,以及重大高新技术项目的攻关和成果转化工作。中央政府应当每年从财政中拨出专款,用于高新技术研究开发及其产业化工作,并随着高新技术发展需要及财政收入的增长,按照一定比例适当递增。地方各级人民政府应当鼓励和引导企业将其科技开发费用向高新技术研究开发及产业化方面倾斜,逐步使企业成为高新技术产业化的投资主体。

委托补助最常见的方式是建立企业技术创新基金。为保证科技型中小企业技术创新基金项目的申请顺利开展,科技部设立科技型中小企业技术创新基金管理中心,负责受理创新基金项目的申请。此管理中心按照公开、公平、公正的原则,面向全国受理创新基金项目的申请。申请创新基金支持的项目需具备以下条件:符合国家产业、技术政策,技术含量较高,技术创新性较强,项目技术水平处于国内领先;产品有较大的市场容量和较强的市场竞争力,有较好的经济效益和社会效益,并有望形成新兴产业。创新基金鼓励并优先支持科研机构、高等院校与企业合作进行的技术创新活动,择优支持具有我国自主知识产权、高技术、高附加值、产业关联度大、节能降耗、有利于环境保护和出口创汇的项目。

创新基金的资金来源为中央财政拨款及其银行存款利息。创新基金的使用必须遵守国家的有关法律、行政法规和财务规章制度,坚持科学评估、择优支持、公正透明、专款专用。创新基金的申请和使用,应本着勤俭节约、精打细算的原则,充分利用现有工作条件,使有限的资金发挥更大的效益。

根据创新基金项目的承担企业和项目的不同特点,创新基金分别以贷款贴息、无偿资助、资本金（股本金）投入等不同的方式给予支持。科技型中小企业技术创新管理中心与承担企业签订贴息项目合同书后，承担企业应积极联系和配合开户所在地银行办理贷款手续。若未能按时与银行签订借款合同，管理中心将取消对其的贴息计划。管理中心根据承担企业提供的有效借款合同及该项目从管理中心受理其申请到合同规定完成时间期间的有效付息单据，将相应补贴分批拨付承担企业。

创新基金的主要开支范围包括创办企业的启动资金，扩充资本金，新产品开发及试制、购置仪器设备及与项目直接有关的其他支出。管理中心的管理费用实行预决算管理，报财政部批准后从创新基金利息中列支。创新基金由科技部负责管理，并接受财政部监督。科技部要定期向国务院报告创新基金的使用情况。

4.1.3 税收减免

在重视对技术创新的直接经济支持的同时，也要注重采用间接经济支持措施，其中最主要的是税收刺激。税收减免措施的目的，是使企业有能力、有愿望把更多的资源用在与技术创新有关的活动上。课税减免的形式是多种多样的：其一，加快生产资料折旧期限制度。通过减免形式回收资产成本，将省下来的资金限制用于技术创新活动。这种措施本质上相当于给企业提供无息贷款。其二，促进基础性技术创新减税刺激制度。规定企业的所得税中扣除相当一部分用于建立新型实验室、中间试验工厂等。其三，建立投资储备金。允许企业拨出部分应缴税收的盈利作为储备金，供技术创新之需，或由政策规定作为某段时间的周转金使用。这种投资储备金必须作为将来技术创新投资才能享受减免所得税的待遇，其额度大约为所得税的10%~20%。其四，对海外技术贸易收入实行特别减税制。对海外技术转让或提供工业产权（商标权除外)的收入,其20%～30%可按损失金额计算;对提供咨询业务的收入,其10%～20%可按损失金额计算。其五,设立税收信贷。科研经费开支额高于过去3年平均额的企业,可以享受15%～25%的税收信贷,其目的在于刺激企业增加研究开发经费,而不是保持在现有开支水平上。

我国政府制定了一系列促进技术创新的税收政策法规,除税收方面的优惠外,主要是采取将各种研究开发费用分摊入管理费用之内的方法来鼓励企业的技术创新活动,实际上是将企业发生的研究开发费用以及设备费用成本转嫁到消费者身上。在企业产品产销对路的情况下,将研究开发费用摊入管理成本当然是可行的。但是,一旦产品销路不畅,这种优惠政策的作用就无法充分发挥,因而也就无法有效地刺激企业的技术创新活动。因此,我们建议在继续保持政府对于企业技术创新活动的研究开发补贴的强度和规模的前提下,逐步提高税收减免等间接措施在影响企业技术创新方面的地位和作用,从而使企业对于税收减免影响技术创新的内在机制更为敏感。具体地说,就是确立一个对于企业的技术创新和研究开发支出提供税收减免的基数,并据此对企业有关开支提供税收减免优惠。在具体措施上可考虑几个方面:第一,加大对企业R&D投入的税收减免力度。第二,可借鉴日本奖励国产化的做法,对新开始生产指定产品的厂家(指尚未国产化或技术上与国外差距大的产品),在三年内免予征税。第三,对自主创新的重要产品,以及对重要成果进行开发生产的企业,除给予一定资助外,三年内免税。第四,对产学研合作开发的新技术、新产品,给予税收减免。

政府对R&D的间接支持至关重要,而间接支持的手段主要是税收。税收优惠与财政资助的区别在于:第一,财政资助是直接的,税收优惠是间接的;第二,财政资助是有选择性的,税收优惠则是普惠的;第三,财政资助主要用于政府研究机构和高等学校,而税收优惠则是面向企业;第四,税收优惠带有更多的激励性。综观各国在创新上的优惠政策,主要有以下几个方面:第一,免收减免政策。美国对企业在任何一年的 R&D 支出,其数额超过前三年 R&D 支出的平均额的部分,可实行优惠税率。日本则规定,任何一年的 R&D 经费超过以往年度的最高额时,可从企业的法人税或所得税税额中扣除相当于超额部分 20%的金额,对中小企业甚至可免收 R&D 经费增加额的税金。第二,加速 R&D 设备的折旧。美国规定可在 3 年期内完成。第三,技术方面与国外交易所得收入的税收减免。第四,向 R&D 机构或大学提供捐款或捐赠设备的税收减免。第五,对新产品开发或工业产品的国产化实行税收减免。

税收政策在早期的企业创新中起到了重要的作用,在 20 世纪 60 年代前期,各国政府对企业 R&D 补助金的数额很少,尚不足税收优惠数额的 1/10,从 70 年代开始,二者基本相当,而 80 年代末补助金的数额已数倍于税收减免额。这是由于政府认识到仅仅通过税收优惠将研究与开发活动完全委托给企业进行,是无法克服技术创新过程中的种种不确定性的,因而也不可能为国家未来的发展奠定坚实的技术基础。在这种情况下,各国政府不得不从战略高度上来认识和把握科学技术发展的方向、规模和速度,并以国家力量予以协调,主要采取的是研究开发补贴和委托补助的形式。

4.1.4 重点奖励

当前,以知识经济为特征的科技革命正在世界范围内兴起,高新技术产业成为国际经济竞争的重要阵地,谁在高新技术上取得优势,谁就赢得经济发展的主动。加快推进高新技术产业化的关键是人才。要采取更加有效的措施,通过市场机制的方法,进一步改革人才选拔、任用和分配制度,建立有利于高新技术发展的激励机制,包括鼓励技术入股、科技人员持股、技术开发奖励等,营造一个良好的人才成长环境。在注重引资的同时,更要加大引智的力度,积极创造条件吸引国外留学和从事高新技术研究的人才回国创业。

技术创新是科研成果的商业化应用,是推动科技和经济发展的主要源泉。国家制定技术创新的人才奖励制度,要加快建立科技成果评价规范,减少政府对科技成果评价的直接管理,科技奖励要精简奖项数量、提高奖励力度,要对在技术创新中创造巨大经济和社会效益的杰出科技人员实行重奖。高等学校、科研院所要对在发展高新技术产品研究开发和组织实施重大高新技术产业化项目中作出突出贡献的科技人员给予奖励。采用股份制形式的高新技术企业,可以将对发展高新技术及其产业化作出突出贡献的科技人员的奖励,按照国家有关规定折算为股份或者出资比例,受奖励人依据其所持股份或者出资比例分享收益;未采用股份制形式的高新技术企业,可以从新增无形资产实际收益中提取一定比例,奖励在发展高新技术及其产业化工作中作出突出贡献的科技人员,奖励金额可以折算为出资比例,受奖励人按照出资比例分享收益。

在国家级科技奖项中,自然科学奖的评价标准要与国际标准一致,侧重科学水平、科学价值;技术发明奖要奖励重大技术发明的发明者,特别是战略性高技术的发明者;科学技术进步奖要强化高技术成果产业化导向,侧重自主知识产权的经济社会效益;国际科学技术合作奖要设置双边、多边科技合作奖;特别设立国家最高科学技术奖,对在当代科学技术前沿取得重大突破或在科学技术发展中有卓越建树的,在技术创新、科技成果商品化和产业化中创造巨大经济效益或社会效益的杰出人才实行重奖。

鼓励和规范社会力量举办的各种科学技术奖励,同时加快对各地区、各部门和社会奖励的管理。要较大幅度地精简部门和地方的奖项及获奖数目,改变将科研人员待遇与科技奖励普遍挂钩的状况。对科学技术奖励要建立客观、公正的评审办法,完善评审机制,强化政策导向。科技成果的价值,最终要看是否符合国家的需要,是否占领市场并获得良好效益。要改革和完善对研究开发成果或产品的鉴定办法。政府计划项目成果应委托有资格的社会中介机构进行客观评价。根据合同组织验收工作,这样可使奖励更好地和经济社会效益紧密联系在一起。

4.2 金融支持

4.2.1 风险投资

风险投资机制是支持企业创业与创新的重要途径,它以灵活的投资方式促进技术创新和高新产业的发展。根据 OECD 的定义,风险投资是一种向极具发展潜力的新建企业或中小企业提供股权资本的投资行为。

风险资本具有与一般资本非常不同的鲜明特点:①风险资本是高风险和高回报的,其投资周期较长,一般需要 3~7 年才能收回投资,其间通常没有收益,一旦失败血本无归,而如果成功,则可获得丰厚的回报。例如微软公司就是风险资本扶植风险企业,又从后者获得丰厚回报的典型案例。②风险资本以私募方式筹资。据统计 1997 年美国风险资本的资金,有 54% 来自退休和养老金,有 30% 来自金融机构,有 7% 来自私人投资者。美国、英国、日本等国家和台湾地区都明确规定,风险资本不得向公众募集资金。

③风险资本多以公司的形式设立,主要有两种组织结构:一是有限合伙制,由投资者(有限合伙人)和基金管理人(主要合伙人)合伙组成一个有限合伙企业,投资者出资并对合伙企业负有限责任,管理人在董事会的监督下负责风险投资的具体运作并对合伙企业负无限责任。二是公司型,指风险资本以股份公司或有限责任公司的形式设立。

相应地,风险投资不同于一般投资的一些重要特点是:①风险投资主要投向处于创业期的未上市的新兴中小企业,尤其是新兴高技术企业。在美国,风险资本约80%的资金投资于创业期的高技术企业。这些企业着重开发新产品,市场前景具有很大的不确定性,不易从银行、证券市场募集资金,只能借助于风险资本以求发展。②风险投资通常采取逐渐投入策略,选择灵活的投资工具进行投资。对于所投资企业,通常先注入部分启动资金,根据项目(企业)的进展,逐步追加投入,一旦发现问题立即中止投资,以此减低风险。在投资工具的选择上,风险资本较多投资于非上市企业的可转换优先股、可转换公司债券,既可确保优先获取股息、债息的有利地位,又可在企业上市前转换为普通股。③风险投资的目的不在于不断地获得股息或者红利,而在于当投资对象对市场评价较高时,通过股权转让活动,一次性实现尽可能大的市场回报。套现的具体方式主要有三种,即促使投资企业上市、投资企业回购其股份、向其他战略投资者(包括别的风险资本)以协议方式转让股份。④风险投资的一个突出特点在于:不仅向新企业注入资本,而且提供建立新企业、制定市场战略及组织和管理所需的技能,这些技能对新企业提供增值服务的能力(Murray, 1994),风险资本家带来他们与其他风险企业合作的经验以及他们解决这些企业面临问题的解决方案(Hall et al., 1993);风险投资还帮助风险企业构建关系网络,推进与其他风险投资公司联合投资、获得银行贷款等（Gulati et al.，2000）；基金管理人员在所投企业的董事会中占有席位或担当管理职位，参与重大项目决策及日常经营管理。因此，风险投资是专业化资本与运用资本的专业技能这两种稀缺资源的组合，这对于新建企业尤为重要。

实际上，风险投资发展的关键不仅是要有资金来源，更要有能够获得收益的制度条件，即要能在企业发展的适当时机将其推向股票市场，通过公开销售使投入的资本折现并获取利润。从向正在迅速发展的公司提供创业资本到股票公开上市是一个完整的链条，任何环节的缺损或薄弱都会影响整个系统的效率。早期我国高技术小企业的发展主要是靠体制外资金运作，靠主办单位承担风险。随着市场机制的逐步完善，这种不合规范的方式被逐步取消，因而小企业创业资本的获得更加困难。20世纪80年代以来我国开始探索建立风险投资的机制，例如原国家科委成立的中国新技术创业投资公司、上海市政府建立的科技发展基金会等，都曾做过创建风险资本的有益尝试。民间也开始出现一些基金，但效果均不够理想。究其原因，一是由于尚未形成能够自由流动的资本市场，规范化的股份制及证券市场均还在探索或形成之中，小企业或正在成长中的企业很难被股票市场所接纳，风险投资者无法在有限的时期内通过转让所掌握的股权获得投资权益。二是风险投资基于投资者对技术市场和创业者素质的判断力，这就要求投资者要具有多种专业知识背景和丰富的经验，而这是需要积累的。

完善风险投资机制、促进风险投资发展是金融制度深化改革的重要组成部分，要创造良好的投资环境，建立"多方投入，风险共担，利益共享"的风险投资运行机制，发挥不同投资主体的作用，扩大风险投资的资金来源。对于所需的启动资金，虽然国外风险投资以私募为主，但根据我国现状，为推动这项事业的发展，仍需政府资金的注入。可能的途径一是充分发挥国有资产存量的效用，把国有资产的战略性调整和发展高技术产业结合起来，有计划、有步骤地将部分国有资产从现有企业中退出，所得资金可用来设立风险投资基金或是高技术产业发展基金；二是充分利用已经进行的国家或地方的科技发展计划，以此吸引风险投资；三是对于部分市场前景较好的项目，政府可以通过少量投资先行启动。国家投资的参与，既可以提高风险投资的信誉，增加投资者的安全感，以少量资金带动大量民间资本投入，也可以化解、分散市场风险，同时对资金的投放产生导向作用。

风险投资公司是专门投资高技术企业，并可以从事一定融资、担保业务的金融机构，其主要职能就是进行风险投资。从我国现状出发比较现实的做法，一是由政府组织，由政策性银行出资成立官办风险投资公司，对风险资本起引导作用，成为高技术创业的政策性投融资扶持机构。二是国家鼓励商业银行会同大中型企业集团，以及科研部门、高等院校联合组成具有规模效应、科技含量的风险投资公司，并使之逐步成为风险资本市场的投资主体。三是鼓励建立中外合资的风险投资公司或基金，以促进我国风险投资尽快与国际市场接轨，提高国内风险投资的操作水平。

风险投资公司具有相对较高的经营风险，设立初期应当注意规范其发展和政策扶持。从规范发展的角度，风险投资公司要严格依照公司法运行。如设立风险投资公司要经国家综合及专业管理部门批准；规定风险投资公司的实收资本最低限额、公司发起人的最低出资比例；规定风险投资公司投资于一个项目或一家企业的投资最高限额占该企业股本的一定比例；严格限制风险投资公司的业务范围，未投资的资金可以购买国家债券、进行存款等。

高技术企业创建初期属于高投入时期，企业财务状况往往达不到上市公司的要求,而如果这类企业股票上市周期过长,会使风险投资较长时间难以顺利退出,影响风险投资者的积极性。结合我国关于上市公司的有关规定,可采取的措施有:分配上市额度给相对具有发展规模优势的高技术企业;条件成熟时放宽高技术企业上市的条件,如建立上市资格低于证券交易所要求的第二股票交易市场,或设立为有风险投资背景的企业股权或基金上市交易的柜台市(类似于美国的 NASDAQ);利用香港证券市场开辟第二板交易的机会,输出以高技术为主的中小企业特别是非公有企业去上市,筹集发展资金。

对于风险投资市场的发展和风险投资公司的成功经营,优秀的风险投资人才都是至关重要的,而这方面的人才极为短缺。为加快风险投资专业人才的培养,可采取的措施包括:组织各大券商、商业银行中具有一定业务能力、基础条件好、发展潜力大的人员分期分批到国外学习,借鉴国外风险投资公司的运作模式和操作技术;在风险投资从业人员中推进执业资格认证制度,提高现有人员的专业水平;争取有风险投资操作经验的留学人员回国服务;在金融院校和其他有条件的高校增设相关学科的课程,培养后备人才。

风险投资机制是鼓励创业与创新的金融政策的一部分,风险投资自身的发展有赖于良好的金融环境与政策,因此我们须在更大范围内改善、创新融资环境。要加强政策法规建设,创造公平竞争、鼓励创新的稳定的金融环境,对于鼓励创业与创新的金融措施,如优惠政策、风险投资机构的设立条件、中介机构的创设等问题要以法规形式加以确定,要维护政策的稳定性和连续性,保证创新者和风险投资者的利益。同时,指导风险投资公司和高技术企业的规范运作,保障广大投资者的合法权益,提高投资的效率和安全性。

4.2.2 基金扶持

高新技术创业投资是高新技术产业化的重要前提,也是高新技术创业服务中心应具备的重要服务功能。在各级政府、科技行政管理部门和各高新园区的高度重视下,我国各高新技术创业服务中心积极建立创业基金,为创业中心孵化企业筹集资金。

建立创业基金,为高新技术创业服务中心孵化企业提供风险投资和资金担保,是创业中心的重要服务功能。关于创业基金的筹措,原则上应由创业中心的主办单位出资建立,也可由创业中心所在地人民政府、高新园区管委会、科技管理部门、创业中心和其他有关部门或单位共同出资,亦可接受社会捐赠和向受益企业定向募集。有关创业基金的管理方面,自创业基金创建起,由创业基金各出资方组成董事会,负责进一步筹措资金,制定创业基金管理办法和使用原则,审查资金的使用,保证创业基金的安全和增值运行。创业基金董事会下设办公室,负责创业基金管理的日常工作,办公室设在创业中心。创业基金的增值和损失由出资各方共同受益和承担。在创业基金的运作方面,主要以风险投资与担保的形式支持进驻创业中心的孵化企业实施创新创业,推进高新技术成果的商品化,同时要努力保证创业基金的保值增值。

创业基金的运作中,一种比较常见的方式是以高新技术成果出资入股,技术入股。是指技术成果拥有者将其所拥有的技术成果的所有权或使用权,依法折合成一定数额比例,作为出资投入到企业中,技术出资方取得股东地位,参与收益分配,而相应的技术成果转归企业拥有。在高新技术的认定上,一般把电子信息技术、航空、航天技术、生命、生物技术、新材料、新能源技术,以及生态、环保和海洋技术认定为高新技术。根据国内外高新技术的不断发展,高新技术的范围由国家或省级科技主管部门进行补充和修订。高新技术成果的所有权或使用权出让情况、应用范围和前景等在出资入股前必须进行有效的评估,由经工商行政管理部门登记注册的评估机构作出客观、公正、科学的评估并出具评估报告。高新技术成果出资认定书经省科技主管部门审查认定后,企业出资者或公司股东应就高新技术成果入股作价金额达成协议,并将该项成果及与之相当的实际出资额写入公司章程。高新技术成果的出资者在企业成立后,应当根据出资协议,办理高新技术成果的权利转移手续,提供技术资料,并协助高新技术成果的应用实施。当企业破产时,以高新技术成果出资入股组建的企业在清算时,经债权人和其他股东同意,该项成果可由原拥有者优先回购。

应用开发类的科研院所在改制时,骨干科技人员可以持大股。以应用开发类项目的转化应用为主的中小型企业,骨干科技人员的持股比例可以不低于总股本的50%。关系企业生存发展的核心科技人员,可以采用人力资本作价入股的形式。人力资本作价入股,必须由具备相应资质的评估机构采用国际上成熟的人力资本评估方法进行评估。对国有企业改制为股份制企业的,骨干科技人员购买股权欠缺的资金可采取向公司借贷的方式,具体应当与公司订立借款合同,约定借款担保、借款利息、返还期限、返还方式和违约责任。一些经省科技行政主管部门认定的高新技术企业,经有关部门批准后,可以从所有者权益的增值部分中拿出不超过一定比例作为股份奖励给科技人员。对公司制企业的骨干科技人员,可以采用期股、干股等长期性的激励措施。实施期股激励,科技人员应与公司签订包含有详细考核指标的期股契约,契约中约定在一定期限以后购买本公司股票的价格不低于公司股票的现值,并根据考核结果按照契约规定的比例以约定价格逐年兑现。期股激励必须由所在公司董事会提出方案,经股东会同意。此外,公司制企业还可以参照国外有关技术骨干持股的做法,进行适合中国国情的其他股权激励尝试,如对骨干科技人员定向发行股票、赠送配股权或者要求新加入公司的骨干从二级市场上购买。

5 法律保障

5.1 科技进步法

1993年7月2日,第八届全国人民代表大会常务委员会第二次会议审议通过《中华人民共和国科学技术进步法》(以下简称《科技进步法》),1993年10月1日起施行。《科技进步法》是我国科学技术事业的基本法,是一部基本法性质的法律,它的制定和施行标志着我国的科技工作走上了法制轨道,是我国科技发展史上的一个里程碑。它以法律的形式确立了科学技术优先发展的战略地位,充分发挥科学技术是第一生产力的作用,规定了促进科学技术进步的基本宗旨和科学技术工作的指导方针。

2007年12月29日,第十届全国人民代表大会常务委员会第三十一次会议对《科技进步法》进行修订,修订后的《科技进步法》自2008年7月1日起施行,包括总则,科学研究、技术开发与科学技术应用,企业技术进步,科学技术研究开发机构,科学技术人员,保障措施,法律责任等8章共75条。《科技进步法》的立法宗旨是"为了促进科学技术进步,发挥科学技术第一生产力的作用,促进科学技术成果向现实生产力转化,推动科学技术为经济建设和社会发展服务"。总则规定了科学技术工作的指导方针:"国家坚持科学发展观,实施科教兴国战略,实行自主创新、重点跨越、支撑发展、引领未来的科学技术工作指导方针,构建国家创新体系,建设创新型国家。"

《科技进步法》自1993年10月施行以来,在发挥科学技术第一生产力的作用、依靠科学技术推动经济建设和社会发展等方面起到了重要的促进和保障作用。但十多年来,我国科技进步工作中存在着的一些老问题仍没有得到很好地解决,随着经济社会的发展又面临不断出现的新情况。据2003年10月到12月全国人大常委会科技进步法执法检查组对科技进步法的实施情况的检查报告,存在的主要问题有:"科技进步的宏观协调机制不健全;科技投入不足,多元化的投入机制还不完善;科技要素与社会生产要素还不能有效结合,技术优势向产业优势转换的步伐仍较缓慢;公益性、基础性研究亟待加强;企业的技术创新主体地位尚未完全确立。"(路甬祥,2004)

因此,围绕加强自主创新、建设创新型国家的战略目标,结合《国家中长期科学和技术发展规划纲要(2006—2020年)》的实施,充分吸收我国科学技术发展和科技体制改革的成功经验,针对制约我国科技进步的体制、机制问题,在加大科技投入、融合科技资源、促进企业成为技术创新主体、推动产学研紧密结合、实施知识产权战略等许多重要方面作出适时的调整,就成为2007年《科技进步法》修订的重要任务。

5.1.1 企业主体地位

《科技进步法》新增"企业技术进步"一章,强调并确立了企业在技术创新中的主体地位,并以此作为全面推进国家创新体系建设的突破口和关键环节。第三十条明确规定:"国家建立以企业为主体,以市场为导向,企业同科学技术研究开发机构、高等学校相结合的技术创新体系,引导和扶持企业技术创新活动,发挥企业在技术创新中的主体作用。"

为了充分发挥企业在技术创新中的主体地位作用,《科技进步法》规定,国家鼓励企业增加研究开发和技术创新的投入,自主确立研究开发课题,开展技术创新活动,并在税收优惠、财政投入、金融政策、分配制度、服务平台以及政府采购等许多方面规定了一系列激励措施。

① 企业开发新技术、新产品、新工艺发生的研究开发费用可以按照国家有关规定,税前列支并加计扣除;企业科学技术研究开发仪器、设备可以加速折旧;从事高新技术产品研究开发和生产的企业、投资于中小型高新技术企业的创业投资企业可以享受税收优惠。

② 国家利用财政性资金设立基金,为企业自主创新与成果产业化贷款提供贴息、担保。政策性金融机构应当在其业务范围内对国家鼓励的企业自主创新项目给予重点支持。

③ 国家完善资本市场,建立健全促进自主创新的机制,支持符合条件的高新技术企业利用资本市场推动自身发展。国家鼓励设立创业投资引导基金,引导社会资金流向创业投资企业,对企业的创业发展给予支持。政府设立创业投资引导基金,可以引导、吸引更多的社会资金进入创业投资领域。

④ 国有企业应当建立健全有利于技术创新的分配制度,完善激励约束机制。国有企业负责人对企业的技术进步负责。对国有企业负责人的业绩考核,应当将企业的创新投入、创新能力建设、创新成效等情况纳入考核的范围。

⑤ 国家支持公共研究开发平台和科学技术中介服务机构的建设。公共研究开发平台和科学技术中介服务机构应当为中小企业的技术创新提供服务。

⑥ 对境内公民、法人或者其他组织自主创新的产品、服务或

者国家需要重点扶持的产品、服务,在性能、技术等指标能够满足政府采购需求的条件下,政府采购应当购买;首次投放市场的,政府采购应当率先购买。政府采购的产品尚待研究开发的,采购人应当运用招标方式确定科学技术研究开发机构、高等学校或者企业进行研究开发,并予以订购。

5.1.2 知识产权战略

《科技进步法》以基本法的形式确立了知识产权制度是鼓励发明创造、激励自主创新的一项基本制度,强调其在促进科技进步中的重要作用。总则第七条明确规定"国家制定和实施知识产权战略,建立和完善知识产权制度。依法保护知识产权,激励自主创新。企业事业组织和科学技术人员应当增强知识产权意识,增强自主创新能力,提高运用、保护和管理知识产权的能力"。

《科技进步法》首次用法律形式对利用财政性资金形成的科研成果的知识产权归属、实施和利益分配等问题作了原则性规定,第二十条明确规定:

"利用财政性资金设立的科学技术基金项目或者科学技术计划项目所形成的发明专利权、计算机软件著作权、集成电路布图设计专有权和植物新品种权,除涉及国家安全、国家利益和重大社会公共利益的外,授权项目承担者依法取得。"

"项目承担者应当依法实施前款规定的知识产权,同时采取保护措施,并就实施和保护情况向项目管理机构提交年度报告;在合理期限内没有实施的,国家可以无偿实施,也可以许可他人有偿实施或者无偿实施。"

"项目承担者依法取得的本条第一款规定的知识产权,国家为了国家安全、国家利益和重大社会公共利益的需要,可以无偿实施,也可以许可他人有偿实施或者无偿实施。"

"项目承担者因实施本条第一款规定的知识产权所产生的利益分配,依照有关法律、行政法规的规定执行;法律、行政法规没有规定的,按照约定执行。"

实际上,2002年3月5日科技部和财政部曾联合下发《关于国家科研计划项目研究成果知识产权管理的若干规定》(以下简称《规定》),该《规定》第一条规定:"科研项目研究成果及其形成的知识产权,除涉及国家安全、国家利益和重大社会公共利益的以外,国家授予科研项目承担单位(以下简称项目承担单位)。项目承担单位可以依法自主决定实施、许可他人实施、转让、作价入股等,并取得相应的收益。同时,在特定情况下,国家根据需要保留无偿使用、开发、使之有效利用和获取收益的权利。"这个《规定》常被称为"中国版"的《拜-杜法案》(黄薇,2007)或被认为是"'拜-杜规则'在中国的首次尝试",同时2007年《科技进步法》的修订则被认为是"'拜-杜规则'在中国立法中的首次确立",即"首次在立法层面上引入了美国《拜-杜法案》中的核心内容"(徐棣枫,2008)。

《拜-杜法案》(Bayh-Dole Act)由伯奇·拜尔(Birch Bayh)与罗伯特·多尔(Robert Dole)于1978年9月13日提出,旨在"通过专利制度提升联邦资助科研项目所出成果的利用率;最大限度地鼓励小企业参与联邦政府资助的科研项目;进一步促进商业因素与非营利机构(包括高校)的融合;确保非营利机构和小企业的发明创造得到高效利用……加快美国境内工业发明成果商业化,进一步扩大其公共利用率……"(黄武双等,2016)。1980年美国国会通过了《拜-杜法案》,1984年进行修订,也称为《大学、小企业专利程序法》,并以专利法"拜-杜"修正案的形式增订并入美国法典第35卷第18章,称为"联邦资助所作发明的专利权"。《拜-杜法案》的实质是对由联邦政府资助的科研项目所产生的科研成果的所有权分配问题在立法层面上作出了制度安排:大学、小企业等被委托方被允许在满足一定条件下获得上述科研成果的专利权,目的是促进大学和中小型企业的科研成果的商业化和产业化,并平衡提供资助的联邦政府和受资助的大学和企业之间的权利义务关系。

可以看到,我国 2007 年修订的《科技进步法》第二十条的规定与《拜-杜法案》在立法目的和核心内容上是颇为一致的,即都是旨在通过解决政府资助的研究成果的归属权问题,从而推动科技成果的有效转化。但《科技进步法》作为科技基本法的这个性质与《拜-杜法案》作为专利法修正案,当然存在许多不同之处。

总的来说,《科技进步法》第二十条是原则性规定,这在第一款"权利归属",第二、三款"敦促实施"或"介入权"(March-in Rights)和第四款"利益分配"等诸条款上都不例外:① 对于"权利归属",第一款的规定是"授权项目承担者依法取得",对于"授权"的解释,有研究者认为应理解为"立法上普遍和事先的授权",即知识产权应被"直接认定授予项目承担者,而无须再经过认定"(徐棣枫,2008)。《拜-杜法案》则在权利处置条款①中具体规定以大学等受委托方拥有对完成的研究成果可"选择保留所有权"的方式来确认财产权利。② 对于"敦促实施",第二、三款规定了国家"无偿实施"的两种情形,即项目承担者对知识产权"在合理期限内没有实施的"和"国家为了国家安全、国家利益和重大社会公共利益的需要"。《拜-杜法案》则在"联邦机构的权利"中详细规定了"介入权",包括介入权的定义、行使介入权的具体条件、对联邦机构行使介入权的异议等操作性规定。③ 对于"利益分配",第四款规定"依照有关法律、行政法规的规定执行;法律、行政法规没有规定的,按照约定执行"。很明显,"利益分配"的问题应当涉及三方的利益,即国家(资助方)、项目承担单位(受资助方)和承担项目的研发人

---

① 参见《美国专利法》第 202 条。

员。具体来说,利益分配问题可以包括项目承担单位(受资助方)应将实施科研成果的知识产权所获收益按多少比例上缴国家或者资助单位;发明人或作者如何从项目承担单位获得合理报酬;还涉及当有第三方资助或第三方参与项目研发时,第三方的利益如何保障等诸多问题。《拜-杜法案》的做法是要求应将其所规定的联邦机构和受资助方的法定权利义务内容写进"供资协定"(Funding Agreement)①的条款中。值得一提的是,"受资助方的义务"中还包括"高校和非营利性科教机构的专属义务",其中明确规定受资助方应与研发人员共享许可费用。

在作为科技基本法的《科技进步法》中规定受国家资助项目的科研成果的知识产权的所有权归属或分配问题,一方面是对我国现有知识产权制度的一个重要补充,另一方面可以利用原则性规定指导性、政策性和宏观调控性强的特点,充分发挥《科技进步法》作为科技基本法在调整科技进步领域各个方面的统领、指导作用,为实践中对具体行为起调整和规范作用的不同部门法的进一步具体化提供广泛空间。例如,根据《科技进步法》第二十条对受财政性资金资助项目的发明专利的规定,如何在《专利法》以及《专利法实施细则》中做好进一步的衔接细化就值得进一步研究。事实上,《科技进步法》第二十条规定的适用对象不仅限于发明专利权,而是扩大到包括发明专利权、计算机软件著作权、集成电路布图设计专有权和植物新品种权在内的更广范围的知识产权。

5.1.3 科技投入效益

科技投入是科技创新的物质保障和前提基础,一方面要继续

---

① "供资协定"是指联邦机构和项目受资助方所签订的,由联邦政府提供部分或全部资助,以实验、开发、研究为主要内容的合同、授权许可协议或合作协定,包括涉及供资协定内容的所有以实验、开发、研究为主要内容的转包、分包及变更相对人的合同。

加大财政性科技投入的力度,另一方面更要通过大力整合科技资源,提高科技投入的效益。《科技进步法》第五十九条首先规定:"国家逐步提高科学技术经费投入的总体水平;国家财政用于科学技术经费的增长幅度,应当高于国家财政经常性收入的增长幅度。全社会科学技术研究开发经费应当占国内生产总值适当的比例,并逐步提高。"其次明确了财政性科技投入的重点,主要包括:科学技术基础条件与设施建设;基础研究;对经济建设和社会发展具有战略性、基础性、前瞻性作用的前沿技术研究、社会公益性技术研究和重大共性关键技术研究;重大共性关键技术应用和高新技术产业化示范;农业新品种、新技术的研究开发和农业科学技术成果的应用、推广;等等。还规定,对利用财政性资金设立的科学技术研究开发机构,国家在经费、实验手段等方面给予支持。

为了解决长期以来我国科技资源配置分散、建设重复、效率低下的问题,进一步规范科技资源的有效配置和综合利用,《科技进步法》首先要求建立配置、整合科技资源的协调机制。总则第十二条规定:"国家建立科学技术进步工作协调机制,研究科学技术进步工作中的重大问题,协调国家科学技术基金和国家科学技术计划项目的设立及相互衔接,协调军用与民用科学技术资源配置、科学技术研究开发机构的整合以及科学技术研究开发与高等教育、产业发展相结合等重大事项。"并具体从机构设置和资源共享两个方面规定了整合科技资源的原则性要求。

① 建立科学技术研究开发机构和实验基地的设置与整合机制。要求统筹规划,优化配置,防止重复设置。《科技进步法》第四十一条规定:"国家统筹规划科学技术研究开发机构的布局,建立和完善科学技术研究开发体系。"第四十二条规定:"从事基础研究、前沿技术研究、社会公益性技术研究的科学技术研究开发机构,可以利用财政性资金设立。利用财政性资金设立科学技术研

究开发机构,应当优化配置,防止重复设置;对重复设置的科学技术研究开发机构,应当予以整合。"第六十三条规定:"国家遵循统筹规划、优化配置的原则,整合和设置国家科学技术研究实验基地。"

② 建立科技基础条件资源的共享使用制度。《科技进步法》第四十六条规定:"利用财政性资金设立的科学技术研究开发机构,应当建立有利于科学技术资源共享的机制,促进科学技术资源的有效利用。"第六十五条规定:"国务院科学技术行政部门应当会同国务院有关主管部门,建立科学技术研究基地、科学仪器设备和科学技术文献、科学技术数据、科学技术自然资源、科学技术普及资源等科学技术资源的信息系统,及时向社会公布科学技术资源的分布、使用情况。""科学技术资源的管理单位应当向社会公布所管理的科学技术资源的共享使用制度和使用情况,并根据使用制度安排使用;但是,法律、行政法规规定应当保密的,依照其规定。""科学技术资源的管理单位不得侵犯科学技术资源使用者的知识产权,并应当按照国家有关规定确定收费标准。管理单位和使用者之间的其他权利义务关系由双方约定。"同时"法律责任"一章中还规定"违反本法规定,利用财政性资金和国有资本购置大型科学仪器、设备后,不履行大型科学仪器、设备等科学技术资源共享使用义务的,由有关主管部门责令改正,对直接负责的主管人员和其他直接责任人员依法给予处分"。

5.1.4 科技人员激励

科技创新关键在人才,要充分发挥和引导科技人员的自主性、积极性和创造性,就要在制度上保障创新人才的培育、成长和使用的良好环境和条件,《科技进步法》总则第三条规定:"国家保障科学技术研究开发的自由,鼓励科学探索和技术创新,保护科学技术人员的合法权益。""全社会都应当尊重劳动、尊重知识、尊重人才、尊重创造。""学校及其他教育机构应当坚持理论联系实际,注重培养受教育者的独立思考能力、实践能力、创新能力,以及追求真理、崇尚创新、实事求是的科学精神。"在第五章"科学技术人员"中,首先规定了我国科技人才政策的指导原则:科学技术人员是社会主义现代化建设事业的重要力量。国家采取各种措施,提高科学技术人员的社会地位,通过各种途径,培养和造就各种专门的科学技术人才,创造有利的环境和条件,充分发挥科学技术人员的作用。其次在科技人员的权利义务、激励措施等方面都作出了详细规定。

① 保障合法权益。第四十九、五十和五十一条明确规定:"各级人民政府和企业事业组织应当采取措施,提高科学技术人员的工资和福利待遇;对有突出贡献的科学技术人员给予优厚待遇。""各级人民政府和企业事业组织应当保障科学技术人员接受继续教育的权利,并为科学技术人员的合理流动创造环境和条件,发挥其专长。""科学技术人员可以根据其学术水平和业务能力依法选择工作单位、竞聘相应的岗位,取得相应的职务或者职称。"第五十八条还规定:"科学技术人员有依法创办或者参加科学技术社会团体的权利。"

② 规定基本义务。明确规定科学技术人员应当弘扬科学精神,遵守学术规范,恪守职业道德,诚实守信;不得在科学技术活动中弄虚作假,不得参加、支持迷信活动。

③ 建立诚信档案。明确规定利用财政性资金设立的科学技术基金项目、科学技术计划项目的管理机构,应当为参与项目的科学技术人员建立学术诚信档案,作为对科学技术人员聘任专业技术职务或者职称、审批科学技术人员申请科学技术研究开发项目等的依据。

④ 提倡宽容失败。科技进步离不开营造自主创新的良好环境,既要加强科技人员职业道德和科研诚信建设,又要为科技人员

创造宽松的学术环境,使科技人员敢于大胆探索。《科技进步法》第五十六条确立了"宽容失败制度",明确规定"国家鼓励科学技术人员自由探索、勇于承担风险。原始记录能够证明承担探索性强、风险高的科学技术研究开发项目的科学技术人员已经履行了勤勉尽责义务仍不能完成该项目的,给予宽容"。

⑤ 激励人才引进。鼓励在国外工作的科学技术人员回国从事科学技术研究开发工作。利用财政性资金设立的科学技术研究开发机构、高等学校聘用在国外工作的杰出科学技术人员回国从事科学技术研究开发工作的,应当为其工作和生活提供方便。外国的杰出科学技术人员到中国从事科学技术研究开发工作的,按照国家有关规定,可以依法优先获得在华永久居留权。

5.2 专利法

《中华人民共和国专利法》(以下简称《专利法》)于1984年3月12日第六届全国人民代表大会常务委员会第四次会议正式通过,1985年4月1日起正式施行,并先后于1992年、2000年、2008年和2020年进行了四次修改①。第四次修改后的《专利法》共8章82条,包括总则、授予专利的条件、专利的申请、专利申请的审查和批准、专利权的期限、终止和无效、专利实施的特别许可、专利权的保护和附则,自2021年6月1日起施行。

---

① 根据1992年9月4日第七届全国人民代表大会常务委员会第二十七次会议《关于修改〈中华人民共和国专利法〉的决定》第一次修正;根据2000年8月25日第九届全国人民代表大会常务委员会第十七次会议《关于修改〈中华人民共和国专利法〉的决定》第二次修正;根据2008年12月27日第十一届全国人民代表大会常务委员会第六次会议《关于修改〈中华人民共和国专利法〉的决定》第三次修正;根据2020年10月17日第十三届全国人民代表大会常务委员会第二十二次会议《关于修改〈中华人民共和国专利法〉的决定》第四次修正。

《中华人民共和国专利法实施细则》最早于1985年1月19日国务院批准,1985年4月1日起正式施行,1992年12月12日国务院批准修订,1992年12月21日中国专利局发布。此后2001年6月15日国务院公布《中华人民共和国专利法实施细则》(以下简称《专利法实施细则》),2001年7月1日起施行①,并先后于2002年、2010年进行了两次修订②。2010年修订的《专利法实施细则》共11章132条,2010年2月1日起施行。

　　《专利法》以"保护专利权人的合法权益,鼓励发明创造,推动发明创造的应用,提高创新能力,促进科学技术进步和经济社会发展"为宗旨。《专利法》中的"发明创造"是指发明、实用新型和外观设计。发明,是指对产品、方法或者其改进所提出的新的技术方案。实用新型,是指对产品的形状、构造或者其结合所提出的适于实用的新的技术方案。外观设计,是指对产品的整体或者局部的形状、图案或者其结合以及色彩与形状、图案的结合所作出的富有美感并适用于工业应用的新设计。《专利法》规定:授予专利权的发明和实用新型,应当具备新颖性、创造性和实用性③。对于发明专利申请,国务院专利行政部门经初步审查后,自申请日起三年内根据申请人的请求,进行实质审查。专利法保护被授予专利权的

---

① 1992年12月12日国务院批准修订、1992年12月21日中国专利局发布的《中华人民共和国专利法实施细则》同时废止。
② 2001年6月15日中华人民共和国国务院令第306号公布;根据2002年12月28日《国务院关于修改〈中华人民共和国专利法实施细则〉的决定》第一次修订;根据2010年1月9日《国务院关于修改〈中华人民共和国专利法实施细则〉的决定》第二次修订。
③ 参见《专利法》第二十二条。新颖性,是指该发明或者实用新型不属于现有技术;也没有任何单位或者个人就同样的发明或者实用新型在申请日以前向国务院专利行政部门提出过申请,并记载在申请日以后公布的专利申请文件或者公告的专利文件中。创造性,是指与现有技术相比,该发明具有突出的实质性特点和显著的进步,该实用新型具有实质性特点和进步。实用性,是指该发明或者实用新型能够制造或者使用,并且能够产生积极效果。本法所称现有技术,是指申请日以前在国内外为公众所知的技术。

发明创造,规定专利权人对获得专利权的发明创造具有独占权,有权制造、使用、销售专利产品,或者使用专利方法。根据《专利法》规定,发明和实用新型专利权被授予后,除专利法另有规定的以外,任何单位或者个人未经专利权人许可,都不得实施其专利,即不得为生产经营目的制造、使用、许诺销售、销售、进口其专利产品,或者使用其专利方法以及使用、许诺销售、销售、进口依照该专利方法直接获得的产品。外观设计专利权被授予后,任何单位或者个人未经专利权人许可,都不得实施其专利,即不得为生产经营目的制造、许诺销售、销售、进口其外观设计专利产品。

5.2.1 鼓励发明创造

(1) 新颖性宽限期

对发明、实用新型授予专利权时,新颖性标准是一个非常重要的条件。确定新颖性的时间标准,对发明人、设计人申请专利的积极性有重大影响。我国《专利法》确定新颖性的时间标准采用的是"申请日"标准,而非"发明日"标准。采用"申请日"标准,简洁、高效,且可促使发明人、设计人尽早申请专利。需要注意的是,在申请日前已经公开的技术及设计并不必然丧失新颖性。根据《专利法》的规定,申请专利的发明创造在申请日以前六个月内,有下列情形之一的,不丧失新颖性:①在国家出现紧急状态或者非常情况时,为公共利益目的首次公开的;②在中国政府主办或者承认的国际展览会上首次展出的;③在规定的学术会议或者技术会议上首次发表的;④他人未经申请人同意而泄露其内容的。其中,不丧失新颖性的例外规定的第一种适用情形,是 2020 年《专利法》修改新增的。六个月的新颖性宽限期的适用情形的增加,是为了更好地应对社会紧急状态和非常情况,促进相关发明创造在疾病治疗、重大突发事件处置等方面的及时应用,解决公众健康问题,解决创新主体放宽不丧失新颖性例外规定的需求。

(2) 本国优先权

《专利法实施细则》第十一条规定:"专利法所称申请日,有优先权的,指优先权日。"为了鼓励发明人、设计人对自己的发明创造不断改进、完善,1992年专利法修改时,在原有规定外国优先权的基础上,增加了本国优先权原则,规定申请人自发明或实用新型在中国第一次提出专利申请之日起12个月内,又向国务院专利行政部门就相同主题提出专利申请的,可以享有优先权,即有权要求将第一次申请日视为后一次申请的申请日。《专利法》关于本国优先权规定的内容为:"申请人自发明或者实用新型在中国第一次提出专利申请之日起十二个月内,或者自外观设计在中国第一次提出专利申请之日起六个月内,又向国务院专利行政部门就相同主题提出专利申请的,可以享有优先权。"本国优先权制度有利于加强对专利的保护,发明人、设计人通过主张优先权,可以对第一次专利申请作修改、补充、完善;还可以对抗在申请日期间其他人关于相同主题的专利申请,即将自己的申请日提前到第一次申请的时间,抵御第一次申请之后的所有其他相同主题的专利申请。

(3) 专利期限补偿

国务院专利行政部门按照《专利法》规定的程序,通过实质审查或形式审查后,申请人获得发明专利权、实用新型专利权。专利权具有时间性的特点,专利权人的权利在法律规定的时间内享有专有利用权利,超出专利保护期限,专利权即为社会公共财富,为社会无偿使用。为了确保对专利权人利益的保护,2020年《专利法》修改时新增专利权期限补偿制度的两种情形。

《专利法》规定:发明专利权的期限为20年,实用新型专利权的期限为10年,均自申请日起计算。专利权期限补偿制度的主要内容是：自发明专利申请日起满4年，且自实质审查请求之日起满3年后授予发明专利权的，国务院专利行政部门应专利权人的请求，就发明专利在授权过程中的不合理延迟给予专利权期限补偿，由申请人引起的不合理延迟除外。为补偿新药上市审批时间，对在中国获得上市许可的新药相关发明专利，专利权人可以请求延长专利权期限，延长期限不超过5年，新药批准上市后总有效专利权期限不超过14年①。

（4）药品专利链接

2020年修订的《专利法》新增了药品专利链接制度，对药品专利纠纷可以启动早期解决程序。药品上市审评审批过程中，药品上市许可申请人与有关专利权人或者利害关系人，因申请注册的药品相关的专利权产生纠纷的，相关当事人可以向人民法院起诉，请求就申请注册的药品相关技术方案是否落入他人药品专利权保护范围作出判决。国务院药品监督管理部门在规定的期限内，可以根据人民法院生效裁判作出暂停批准相关药品上市的决定。药品上市许可申请人与有关专利权人或者利害关系人也可以就申请注册的药品相关的专利权纠纷，向国务院专利行政部门请求行政裁决。国务院药品监督管理部门会同国务院专利行政部门制定药品上市许可审批与药品上市许可申请阶段专利权纠纷解决的具体衔接办法。

简单来说，药品专利链接就是仿制药厂在仿制药上市之前，因为可能侵犯原研药厂的专利，因此需要在上市前解决专利纠纷：可以向法院起诉，则药监局根据法院裁判决定是否暂停上市审批；也可以向国家知识产权局请求行政裁决。药品专利链接制度最早是1984年美国《药品价格竞争与专利期补偿法案》（Hatch-Waxman法案）创设的，又称药品专利纠纷早期解决机制，它将药品上市审

---

① 参见《专利法》第四十二条。

评审批程序、专利确权程序及专利纠纷解决程序衔接起来,在药品(仿制药)上市前提前解决可能存在的专利侵权纠纷。由于仿制药厂必经此途,因此实际上仍然相当于被原研药厂扼住了咽喉,从而保护了原研药的研发积极性。当然,从另一个角度来说,"为相关当事人提供可供选择的纠纷解决途径,可以更好地平衡专利权人、仿制药企业和社会公众的利益,提高药品可及性,保障公共健康"(李小健,2020)。

2020 年 7 月 3 日,《中华人民共和国专利法修正案(草案)》(以下简称《草案》)第七十五条明确规定了药品专利链接制度。2020 年 9 月 12 日,国家药监局综合司和国家知识产权局办公室联合发布了《药品专利纠纷早期解决机制实施办法(试行)(征求意见稿)》,细化了药品专利链接制度的相关规定并与《草案》中的制度设计相衔接。2020 年 10 月 17 日,第十三届全国人民代表大会常务委员会第二十二次会议表决通过《关于修改中华人民共和国专利法的决定》,至此,药品专利链接制度在我国法律规范中被提升到上位法概念(伯雨鸿,2020)。

5.2.2　促进专利运用

(1) 职务发明创造

据 2019 年中国专利调查报告,我国高校和科研单位专利运用水平较低:高校和科研单位有效专利实施率(高校 13.8%,科研单位 38.0%)、产业化率(高校 3.7%,科研单位 18.3%)远低于企业的 63.7%、45.2%;有效发明专利实施率(高校 16.8%,科研单位 31.10%)、产业化率(高校 4.5%,科研单位 13.8%)也远低于企业 62.1%、43.8%(国家知识产权局知识产权发展研究中心,2019)。因此,完善职务发明制度,解决专利创造和运用中的突出问题,健全、完善以市场需求为导向的专利技术转化机制,更好地激励创新并推动专利的实施和运用,是亟待解决的问题。职务发明制度是调整单位和发明人①权利和利益分配的基础制度,《专利法》第四次修改新增了单位依法处置职务发明的相关权利,目的是调动单位及其研发人员的创新积极性,鼓励发明创造,促进发明成果的转化和运用。

1984年《专利法》制定时,关于职务发明创造的权利归属采取的是法定权属机制,规定职务发明创造申请专利的权利属于单位,申请被批准后,申请单位为专利权人。随着我国社会主义市场机制的逐步建立,专利法中严格的职务发明法定归属机制越来越不适应经济社会发展的需求,这种机制不但分配效率低下,而且不利于激励发明创造以及发明创造成果的转化运用。2000年《专利法》修订时,增加了职务发明约定权属的相关规定,对"执行本单位任务或者主要是利用本单位的物质技术条件所完成的"职务发明创造实行约定权属规则,可以由发明人和其所在单位约定专利的权利归属。至此形成法定权属与约定权属相结合的权利归属机制。《专利法》第六条除了在第一款规定职务发明创造的法定权属:"职务发明创造申请专利的权利属于该单位,申请被批准后,该单位为专利权人。"还在第三款明确了约定权属的规定:"发明人、设计人利用本单位的物质技术条件所完成的发明创造,单位与发明人或者设计人订有合同,对申请专利的权利和专利权的归属作出约定的,从其约定。"这一规定无疑能在相当大的程度上对发明人或设计人发明创造的积极性起到重要的激励作用。

从"完善职务发明制度"这个角度来看,尤其重要的还有,第四

---

① 有关发明人和设计人的界定参见《专利法实施细则》第十三条:专利法所称发明人或者设计人,是指对发明创造的实质性特点作出创造性贡献的人。在完成发明创造过程中,只负责组织工作的人、为物质技术条件的利用提供方便的人或者从事其他辅助工作的人,不是发明人或者设计人。

次《专利法》修订中新增的对职务发明创造的单位的处分权的规定,即"该单位可以依法处置其职务发明创造申请专利的权利和专利权,促进相关发明创造的实施和运用。"简单来说就是,单位作为专利权人可以依法处置专利权。对于这一旨在"促进发明创造实施和运用"的专利处置权,《专利法》进一步在第十五条规定,被授予专利权的单位应当"对职务发明创造的发明人或者设计人给予奖励;发明创造专利实施后,根据其推广应用的范围和取得的经济效益,对发明人或者设计人给予合理的报酬"。值得注意的是,第十五条第二款还对给付报酬的产权激励方式提出了倡导性的规则:"国家鼓励被授予专利权的单位实行产权激励,采取股权、期权、分红等方式,使发明人或者设计人合理分享创新收益。"

此处还值得一提的是,工业产权出资入股的比例受《公司法》①规制,这一比例从 1993 年的不超过 20%,到 1997 年不超过 35%,之后 2005 年《公司法》修订初步放宽,直到 2013 年《公司法》修正全面放开。我国 1993 年《公司法》第二十四条规定"以工业产权、非专利技术作价出资的金额不得超过有限责任公司注册资本的百分之二十,国家对采用高新技术成果有特别规定的除外"。为了促进高新技术产业的发展,规范高新技术成果的出资入股行为,1997 年 7 月原国家科委和国家工商行政管理局制定了《关于以高新技术成

---

① 《中华人民共和国公司法》(简称《公司法》)1993 年 12 月 29 日第八届全国人民代表大会常务委员会第五次会议通过,1994 年 7 月 1 日起施行。根据 1999 年 12 月 25 日第九届全国人民代表大会常务委员会第十三次会议《关于修改〈中华人民共和国公司法〉的决定》第一次修正;根据 2004 年 8 月 28 日第十届全国人民代表大会常务委员会第十一次会议《关于修改〈中华人民共和国公司法〉的决定》第二次修正;2005 年 10 月 27 日第十届全国人民代表大会常务委员会第十八次会议修订;根据 2013 年 12 月 28 日第十二届全国人民代表大会常务委员会第六次会议《关于修改〈中华人民共和国海洋环境保护法〉等七部法律的决定》第三次修正;根据 2018 年 10 月 26 日第十三届全国人民代表大会常务委员会第六次会议《关于修改〈中华人民共和国公司法〉的决定》第四次修正,2018 年 10 月 26 日起施行。

果出资入股若干问题的规定》,其中第三条规定"以高新技术成果出资入股,作价总金额可以超过公司注册资本的百分之二十,但不得超过百分之三十五"。2005年《公司法》修订取消了"工业产权等作价出资不得超过20%"的限制,同时锁定全体股东货币出资的最低比例为30%,第二十七条第一款规定,"股东可以用货币出资,也可以用实物、知识产权、土地使用权等可以用货币估价并可以依法转让的非货币财产作价出资;但是,法律、行政法规规定不得作为出资的财产除外。"第三款规定"全体股东的货币出资金额不得低于有限责任公司注册资本的百分之三十"。第一款的规定事实上还是一个兜底条款,"可以用货币估价并可以依法转让的非货币财产作价出资"被认为还为"人力资本出资"奠定了基础。到2013年《公司法》修正时,对货币出资不得少于注册资本30%的限制也取消了,设立公司的出资方式及其各种出资所占的比例完全交由投资人自己决定。由于技术投资方控股已经成为可能,因此对于技术成果尤其是高新技术成果的加速转化起到重要的促进作用。

对职务发明创造的发明人或者设计人的奖励和报酬的具体规定,还可详见于《专利法实施细则》第六章第七十六、七十七和七十八条:①被授予专利权的单位可以与发明人、设计人约定,或者在其依法制定的规章制度中规定专利法第十六条[1]规定的奖励、报酬的方式和数额。企业、事业单位给予发明人或者设计人的奖励、报酬,按照国家有关财务、会计制度的规定进行处理。②被授予专利权的单位未与发明人、设计人约定也未在其依法制定的规章制度中规定专利法第十六条规定的奖励的方式和数额的,应当自专利权公告之日起3个月内发给发明人或者设计人奖金。一项发明专利的奖金最低不少于3 000元;一项实用新型专利或者外观设计专

---

① 此处"专利法第十六条",是指2008年《专利法》第三次修正,下同。

利的奖金最低不少于1 000元。由于发明人或者设计人的建议被其所属单位采纳而完成的发明创造,被授予专利权的单位应当从优发给奖金。③被授予专利权的单位未与发明人、设计人约定也未在其依法制定的规章制度中规定专利法第十六条规定的报酬的方式和数额的,在专利权有效期限内,实施发明创造专利后,每年应当从实施该项发明或者实用新型专利的营业利润中提取不低于2%或者从实施该项外观设计专利的营业利润中提取不低于0.2%,作为报酬给予发明人或者设计人,或者参照上述比例,给予发明人或者设计人一次性报酬;被授予专利权的单位许可其他单位或者个人实施其专利的,应当从收取的使用费中提取不低于10%,作为报酬给予发明人或者设计人。

(2) 专利开放许可

开放许可制度是促进专利实施和运用的一项重要法律制度,其核心在于鼓励专利权人向社会开放专利权,以期通过政府专利公共服务,增进专利许可供需双方信息互通,降低交易成本,推动专利实施和运用,实现专利价值。

2020年《专利法》第四次修正时,在"专利特别许可"中新增了专利开放许可制度,规定了开放许可声明及其生效的程序要件、被许可人获得开放许可的程序和权利义务以及相应的争议解决路径。《专利法》第五十、五十一、五十二条规定:"专利权人自愿以书面方式向国务院专利行政部门声明愿意许可任何单位或者个人实施其专利,并明确许可使用费支付方式、标准的,由国务院专利行政部门予以公告,实行开放许可。""任何单位或者个人有意愿实施开放许可的专利的,以书面方式通知专利权人,并依照公告的许可使用费支付方式、标准支付许可使用费后,即获得专利实施许可。""当事人就实施开放许可发生纠纷的,由当事人协商解决;不愿协商或者协商不成的,可以请求国务院专利行政部门进行调解,也可以向人民法院起诉。"

专利开放许可制度有三个明显的特征:一是自愿性,开放许可声明由专利权人自愿提出,这是专利开放许可与专利强制许可的重要区别。二是开放性,任何人都可以成为开放许可的被许可人,专利权人可以与多人达成许可协议,从而有利于促进专利的广泛实施。三是开放许可声明的要约性质,有助于提高专利许可交易的效率。专利法要求专利权人声明愿意许可任何单位或者个人实施其专利并明确许可使用费支付方式和标准,使得开放许可声明具备了要约特征,我国《合同法》第14条规定"内容具体确定和表明经受要约人承诺,要约人即受该意思表示约束"。"即获得专利实施许可",表明被许可人接受开放许可、获得专利实施许可并不需要再取得专利权人的同意;被许可人接受开放许可声明、支付使用费后,专利许可合同即成立。"开放许可声明的要约属性是由其设立目的决定的,否则许可合同的交易成本就无法缩减,许可合同的交易确定性就得不到保障,开放许可制度的目的就会落空。"(罗莉,2019)

另外,加强专利信息公共服务体系的建设,对于专利开放许可制度的良好运行也是不可或缺的基本保障。专利法明确规定了政府提供专利公共服务的职能,《专利法》第四十八条明确规定:"国务院专利行政部门、地方人民政府管理专利工作的部门应当会同同级相关部门采取措施,加强专利公共服务,促进专利实施和运用。"第四次《专利法》修改中则进一步增加对具体职责的规定:"国务院专利行政部门应当加强专利信息公共服务体系建设,完整、准确、及时发布专利信息,提供专利基础数据,定期出版专利公报,促进专利信息传播与利用。"及时发布、传播和有效利用专利信息,对于提高创新起点、减少重复研发、避免侵犯他人专利权、促进创新也都具有重要意义。

(3) 专利强制许可

为了防止和限制专利权人滥用专利权,维护社会整体利益,促进专利的实施,《专利法》还规定了强制许可制度。专利的强制实施许可,是指国务院专利行政部门依照法定条件和程序颁发的使用专利的许可。申请人获得强制许可后,不必经专利权人同意,就可以实施专利。专利实施的强制许可适用于以下几种情况:

① 公益目的的强制许可。在国家出现紧急状态或者非常情况时,或者为了公共利益的目的,国务院专利行政部门可以给予实施发明专利或者实用新型专利的强制许可。强制许可涉及的发明创造为半导体技术的,其实施限于公共利益的目的和反垄断目的。

② 药品专利的强制许可。为了公共健康目的,对取得专利权的药品,国务院专利行政部门可以给予制造并将其出口到符合中华人民共和国参加的有关国际条约规定的国家或者地区的强制许可。这里说的"取得专利权的药品",是指解决公共健康问题所需的医药领域中的任何专利产品或者依照专利方法直接获得的产品,包括取得专利权的制造该产品所需的活性成分以及使用该产品所需的诊断用品。

③ 依赖专利的强制许可。一项取得专利权的发明或者实用新型比前已经取得专利权的发明或者实用新型具有显著经济意义的重大技术进步,其实施又有赖于前一发明或者实用新型的实施的,国务院专利行政部门根据后一专利权人的申请,可以给予实施前一发明或者实用新型的强制许可。依此申请强制实施专利的单位或者个人应当提供证据,证明其以合理的条件请求专利权人许可其实施专利,但未能在合理的时间内获得许可。在依照上述规定给予实施强制许可的情形下,国务院专利行政部门根据前一专利权人的申请,也可以给予实施后一发明或者实用新型的强制许可。

④ 滥用专利权的强制许可实施。有下列情形之一的,国务院

专利行政部门根据具备实施条件的单位或者个人的申请，可以给予实施发明专利或者实用新型专利的强制许可：一是专利权人自专利权被授予之日起满三年，且自提出专利申请之日起满四年，无正当理由未实施或者未充分实施其专利的。未充分实施其专利，是指专利权人及其被许可人实施其专利的方式或者规模不能满足国内对专利产品或者专利方法的需求。依此申请强制实施专利的单位或者个人应当提供证据，证明其以合理的条件请求专利权人许可其实施专利，但未能在合理的时间内获得许可。二是专利权人行使专利权的行为被依法认定为垄断行为，为消除或者减少该行为对竞争产生的不利影响的。

5.2.3　强化专利保护

（1）惩罚性赔偿

随着技术发展和市场竞争加剧，专利保护领域不断面临一些新的问题，例如专利权保护效果与专利权人的期待有差距，专利维权举证难、成本高、赔偿低，跨区域侵权现象增多，滥用专利权现象时有发生，等等。

侵权损害赔偿一般以填平损失为基本原则，但有时简单地填平损失，并不能有效补偿被侵权人的损失、制裁侵权人的恶意行为、遏制后续的侵权行为。为解决这一问题，英美法系引入了惩罚性赔偿制度，要求侵权人向受害者支付超出其实际损失的赔偿数额。例如，1793年《美国专利法》将惩罚性赔偿引入专利侵权领域，现行的规定是对故意侵权人处以最高三倍的损害赔偿。我国1993年在制定《消费者权益保护法》时，首次引入惩罚性赔偿制度。此后合同法、侵权责任法、食品安全法、电子商务法、反不正当竞争法和民法典陆续引入了惩罚性赔偿制度。在知识产权领域，2013年《商标法》修改时首次引入惩罚性赔偿，规定对恶意侵犯商标专用权,情节严重的,可以在依法确定数额的一倍以上三倍以下确定赔偿数额①。2019年修改商标法,将惩罚性赔偿的倍数由"一倍以上三倍以下"提高到"一倍以上五倍以下"②。

为大幅度提高侵权成本,充分发挥法律威慑作用,加强保护知识产权,2020年《专利法》修改时参照《商标法》的规定,并与2020年11月通过的《著作权法》修改相协调,新增引入了惩罚性赔偿制度。《专利法》第七十一条规定:"侵犯专利权的赔偿数额按照权利人因被侵权所受到的实际损失或者侵权人因侵权所获得的利益确定;权利人的损失或者侵权人获得的利益难以确定的,参照该专利许可使用费的倍数合理确定。对故意侵犯专利权,情节严重的,可以在按照上述方法确定数额的一倍以上五倍以下确定赔偿数额。""权利人的损失、侵权人获得的利益和专利许可使用费均难以确定的,人民法院可以根据专利权的类型、侵权行为的性质和情节等因素,确定给予三万元以上五百万元以下的赔偿。""赔偿数额还应当包括权利人为制止侵权行为所支付的合理开支。"

(2) 文书提供令

为了解决专利侵权诉讼中的"举证难"的问题,减轻专利权人的举证责任,第四次《专利法》修改参照2013年《商标法》的规定,新增文书提供令制度:人民法院为确定赔偿数额,在权利人已经尽力举证,而与侵权行为相关的账簿、资料主要由侵权人掌握的情况下,可以责令侵权人提供与侵权行为相关的账簿、资料;侵权人不提供或者提供虚假的账簿、资料的,人民法院可以参考权利人的主张和提供的证据判定赔偿数额。不过应注意,文书提供令制度仅适用于确定侵权损害赔偿数额相关的证据,对于是否构成侵权行为的证据,不适用文书提供令制度。

---

① 参见2013年《商标法》第六十三条。
② 参见2019年《商标法》第六十三条。

（3）专利行政保护

《专利法》禁止他人假冒专利权，并且对假冒专利行为进行了详细的列举性规定[①]：①在未被授予专利权的产品或者其包装上标注专利标识，专利权被宣告无效后或者终止后继续在产品或者其包装上标注专利标识，或者未经许可在产品或者产品包装上标注他人的专利号；②销售上述第①项所述产品；③在产品说明书等材料中将未被授予专利权的技术或者设计称为专利技术或者专利设计，将专利申请称为专利，或者未经许可使用他人的专利号，使公众将所涉及的技术或者设计误认为是专利技术或者专利设计；④伪造或者变造专利证书、专利文件或者专利申请文件；⑤其他使公众混淆，将未被授予专利权的技术或者设计误认为是专利技术或者专利设计的行为。

《专利法》第六十八条规定，假冒专利的，除依法承担民事责任外，由负责专利执法的部门责令改正并予公告，没收违法所得，可以处违法所得五倍以下的罚款；没有违法所得或者违法所得在五万元以下的，可以处二十五万元以下的罚款；构成犯罪的，依法追究刑事责任。第六十九条规定，负责专利执法的部门根据已经取得的证据，对涉嫌假冒专利行为进行查处时，有权采取下列措施：①询问有关当事人，调查与涉嫌违法行为有关的情况；②对当事人涉嫌违法行为的场所实施现场检查；③查阅、复制与涉嫌违法行为有关的合同、发票、账簿以及其他有关资料；④检查与涉嫌违法行为有关的产品；⑤对有证据证明是假冒专利的产品，可以查封或者扣押。管理专利工作的部门应专利权人或者利害关系人的请求处理专利侵权纠纷时，可以采取上述第①、②、④项所列措施。此处需要注意《专利法》中关于执法措施的调整：2008 年《专利法》修改中规定管理专利工作的部门对涉嫌假冒专利的行为进行查处时有

---

① 参见《中华人民共和国专利法实施细则（2010 修订）》第八十四条。

权采取全部五项措施,包括询问权,现场检查权,查阅、复制权,产品检查权和查封、扣押权[①]。行政机关处理专利侵权纠纷具有便利、快捷的优点,但专利侵权纠纷是平等主体之间的民事纠纷,应当以自力救济、司法途径解决为主,因此,查封、扣押等对生产经营活动影响较大的执法措施,不宜由行政机关在认定专利侵权过程中行使。由于管理专利工作的部门在处理专利侵权纠纷时主要是认定侵权行为是否成立,2020年《专利法》赋予其与认定侵权相适应的必要职权,即询问权、现场检查权、产品检查权,但查阅、复制权和查封、扣押权不在其列。

国务院专利行政部门还可以应专利权人或者利害关系人的请求处理在全国有重大影响的专利侵权纠纷。地方人民政府管理专利工作的部门应专利权人或者利害关系人请求处理专利侵权纠纷,对在本行政区域内侵犯其同一专利权的案件可以合并处理;对跨区域侵犯其同一专利权的案件可以请求上级地方人民政府管理专利工作的部门处理。为全面加强知识产权保护,切实维护公平竞争的市场秩序,保障专利权人和社会公众的合法权益,依法依规办理在全国有重大影响的专利纠纷行政裁决案件,国家知识产权局根据《专利法》和有关法律、法规、规章,还制定了《重大专利侵权纠纷行政裁决办法》,于2021年6月1日起施行。其中对重大专利侵权纠纷的界定以及具体处理程序的规定,都有利于对重大专利纠纷进行快速和有效的处理。

5.3 反不正当竞争法

竞争是市场经济最为重要的运行机制,一个国家在选择市场经

---

① 参见2008年《专利法》第六十四条。

济的同时也选择了竞争机制。竞争不但能够以优胜劣汰的压力来最大限度地调动经营者的积极性,而且也能够使有限资源的合理配置成为可能。包括反垄断法、反不正当竞争法等在内的竞争法律制度,是市场经济国家的基本法律制度,在各国市场经济法律体系中占有极其重要的地位,发挥着极其重要的作用。为了保持竞争性的市场结构和维护市场竞争的正常秩序,实行市场经济的国家大多在坚持民商法法律制度的基础上,建立专门调整竞争关系的竞争法律制度。

我国于1993年9月2日第八届全国人民代表大会常务委员会第三次会议通过《中华人民共和国反不当竞争法》(以下简称《反不正当竞争法》),1993年12月1日起施行,2017年11月4日第十二届全国人民代表大会常务委员会第三十次会议修订,修订的《反不正当竞争法》2018年1月1日起施行,2019年4月23日根据第十三届全国人民代表大会常务委员会第十次会议《关于修改〈中华人民共和国建筑法〉等八部法律的决定》进行了修正。

竞争法是市场经济体制中的基本法。反不正当竞争法与反垄断法同属市场竞争机制的法律范畴。各国在处理二者之间的关系上,采取了两种不同的立法模式:分立式立法与合并式立法。分立式立法以德国、韩国等国家为代表,对反垄断法和反不正当竞争法分别立法;合并式立法以俄罗斯、匈牙利等国家为代表,将反垄断法和反不正当竞争法合并在一个法律中。我国1993年颁布的《反不正当竞争法》在重点规制反不正当竞争法的同时,对部分垄断行为也做了规制,一度形成了合并立法的模式。2007年8月30日我国《反垄断法》正式颁布并于2008年8月1日起正式实施。至此,我国市场竞争机制的法律形成了分立式立法的模式,即反垄断法和反不正当竞争法分别立法。

反垄断法旨在规制市场中一系列独占市场、限制竞争、破坏市场竞争机制、损害社会公平利益的行为,通过禁止垄断行为,维护公平竞争,使社会资源得到最优化的配置,以提高整体经济效益。反不正当竞争法以各种法律手段鼓励和保护公平竞争,制止不公平竞争,保护经营者和消费者的合法权益,惩治破坏正常竞争秩序的各种不正当行为。作为竞争法律制度的组成部分,反不正当竞争法在我国的市场竞争中起着竞争规则的作用,对于我国社会主义市场经济体制的建立和发展具有非常重要的意义。

根据《反不正当竞争法》的规定,所谓不正当竞争,是指经营者在生产经营活动中,违反反不正当竞争法的规定,扰乱市场竞争秩序,损害其他经营者或者消费者的合法权益的行为。《反不正当竞争法》第二章以第六至第十二条七个条文列举了应予禁止的不正当竞争行为:实施混淆行为①;贿赂他人行为;虚假或者引人误解的商业宣传行为;侵犯商业秘密行为;不正当有奖销售行为;损害竞争对手商业信誉、商品声誉行为;互联网不正当竞争行为②等。

我国《反不正当竞争法》以"为了促进社会主义市场经济健康发展,鼓励和保护公平竞争,制止不正当竞争行为,保护经营者和

---

① 第六条 经营者不得实施下列混淆行为,引人误认为是他人商品或者与他人存在特定联系:
(一)擅自使用与他人有一定影响的商品名称、包装、装潢等相同或者近似的标识;
(二)擅自使用他人有一定影响的企业名称(包括简称、字号等)、社会组织名称(包括简称等)、姓名(包括笔名、艺名、译名等);
(三)擅自使用他人有一定影响的域名主体部分、网站名称、网页等;
(四)其他足以引人误认为是他人商品或者与他人存在特定联系的混淆行为。
② 第十二条 经营者利用网络从事生产经营活动,应当遵守本法的各项规定。
经营者不得利用技术手段,通过影响用户选择或者其他方式,实施下列妨碍、破坏其他经营者合法提供的网络产品或者服务正常运行的行为:
(一)未经其他经营者同意,在其合法提供的网络产品或者服务中,插入链接、强制进行目标跳转;
(二)误导、欺骗、强迫用户修改、关闭、卸载其他经营者合法提供的网络产品或者服务;
(三)恶意对其他经营者合法提供的网络产品或者服务实施不兼容;
(四)其他妨碍、破坏其他经营者合法提供的网络产品或者服务正常运行的行为。

消费者的合法权益"为立法宗旨。总则规定了经营者从事生产经营活动应当遵守的基本原则:"经营者在生产经营活动中,应当遵循自愿、平等、公平、诚信的原则,遵守法律和商业道德。"这一市场经济国家通行的基本原则,既是古代商品经济社会最古老的原则,又是现代社会市场交易的根本准则。所谓自愿原则,是指经营者和消费者在法律许可的范围内,完全以自己的真实意愿决定自己的交易行为的权利;所谓平等原则是指经营者在市场交易活动中的法律地位是平等的,在市场交易中应当平等协商,任何一方都不得将自己的意志强加给对方,特别是实力强大或者具有独占经营地位的经营者,更不能利用自己的优势地位迫使他人服从自己的意志。公平原则是指在市场交易中应当公平合理、权利和义务相一致,主要是交易条件和交易结果的公平。诚信原则是指参与市场交易者应该诚实待人,恪守信用,不得弄虚作假、损人利已。

根据《反不正当竞争法》的规定,县级以上人民政府履行工商行政管理职责的部门对不正当竞争行为进行查处;法律、行政法规规定由其他部门查处的,依照其规定。国家还鼓励、支持和保护一切组织和个人对不正当竞争行为进行社会监督。《反不正当竞争法》对不正当竞争行为规定了民事、行政和刑事三种法律责任。对于民事侵权行为,追究行为人的民事责任,以赔偿受害者的财产损失,保护诚实经营者的合法权益。因不正当竞争行为受到损害的经营者的赔偿数额,按照其因被侵权所受到的实际损失确定;实际损失难以计算的,按照侵权人因侵权所获得的利益确定。经营者恶意实施侵犯商业秘密行为,情节严重的,可以在按照上述方法确定数额的一倍以上五倍以下确定赔偿数额。赔偿数额还应当包括经营者为制止侵权行为所支付的合理开支。经营者违反《反不正当竞争法》第六条、第九条规定(即"实施混淆行为"和"侵犯商业秘密"),权利人因被侵权所受到的实际损失、侵权人因侵权所获得的利益难以确定的,由人民法院根据侵权行为的情节判决给予权利人五百万元以下的赔偿。经营者违反《反不正当竞争法》规定,实施不正当竞争行为的,除承担民事责任以外,对侵害国家在经济领域的行政管理活动和国家通过行政管理活动所欲建立的经济秩序的,还应承担行政责任,监督检查部门有权责令停止违法行为,没收违法商品,没收违法所得,并处罚款;情节严重的,吊销营业执照。经营者违反《反不正当竞争法》规定从事不正当竞争,受到行政处罚的,由监督检查部门记入信用记录,并依照有关法律、行政法规的规定予以公示。经营者违反《反不正当竞争法》的规定,构成犯罪的,依法追究刑事责任。

6 地方政策

6.1 建设苏南国家自主创新示范区

2014年10月20日,国务院批复同意支持南京、苏州、无锡、常州、昆山、江阴、武进、镇江8个高新技术产业开发区和苏州工业园区建设苏南国家自主创新示范区(以下简称"苏南自创区"),要求努力把苏南自创区建设成为"创新驱动发展引领区、深化科技体制改革试验区、区域创新一体化先行区和具有国际竞争力的创新型经济发展高地"。2014年12月,江苏省政府成立"苏南国家自主创新示范区建设工作领导小组"。2015年2月,江苏省召开深入实施创新驱动发展战略暨建设苏南国家自主创新示范区工作会议,省委、省政府印发《关于建设苏南国家自主创新示范区的实施意见》。2015年3月,由科技部等11个国家部委组成的"苏南建设国家自主创新示范区部际协调小组"成立,2015年7月审议通过《苏南国家自主创新示范区发展规划纲要(2015—2020年)》。为了促进和保障苏南自创区建设,加快提升自主创新能力,发挥示范和辐射带动作用,2017年12月2日江苏省人民代表大会常务委员会审议通过了《苏南国家自主创新示范区条例》,使苏南自创区的建设提升到法制层面。

苏南自创区是全国第 5 个批复同意建设的国家自主创新示范区[1]，也是我国首个以城市群为基本单元的国家自主创新示范区。经过六年的建设，苏南自创区推动形成国家创新型产业集群试点 10 个、国家级战略新兴产业集群 2 个[2]。苏南自创区凝聚各方力量扎实推进，构建七大发展机制——以创新资源集聚为特色的高新区创新发展机制、以高新技术企业培育为特色的企业创新发展机制、以产业技术创新中心为特色的产业集聚发展机制、以产业技术研究院为特色的政策先行先试机制、以科技人才创业为特色的大众创业机制、以科技金融风险补偿为特色的科技金融发展机制、以整体联动统筹发展为特色的创新一体化发展机制——成为江苏省产业高地、人才高地和创新高地，为全省高质量发展提供了有力支撑。

2018 年 7 月中共江苏省委十三届四次全会明确提出：要大力加强科技创新，通过构建政策引导、市场运作的利益联结机制，统筹高校院所和大企业科技资源，研究制定符合创新规律、体现知识价值、富有吸引力的人才政策，调动科技人才积极性；要围绕一个领导机构、一套实施体系、一批支撑平台、一批攻关项目的"四个一"要求，加快苏南国家自主创新示范区建设，进一步夯实江苏高质量发展的创新基础。为贯彻江苏省委、省政府部署要求，落实苏南自创区发展规划纲要任务，加快推进苏南自创区一体化发展，2020 年 5 月 2 日江苏省人民政府发布《苏南国家自主创新示范区一体化发展实施方案（2020—2022 年）》（以下简称《方案》）。《方

---

[1] 第一个国家自主创新示范区是根据 2009 年 3 月《国务院关于同意支持中关村科技园区建设国家自主创新示范区的批复》（国函〔2009〕28 号）批复同意建设的"中关村国家创新示范区"，是我国体制机制创新的试验田，例如开展股权激励试点、深化科技金融改革创新试点等。
[2] 《新闻联播》关注苏南国家自主创新示范区[EB/OL].(2021-06-20)[2021-08-02]. https://www.s-park.org.cn/news/3397.

案》旨在落实江苏省委十三届四次全会的"四个一"要求,在国家规划框架下,开展实体化运作,形成新的制度性安排和操作性举措,统筹协调各方力量,加快打造高水平的"创新矩阵"。

6.1.1 "四个坚持"

《方案》要求抓住长三角一体化、自贸区建设等战略机遇,进一步优化苏南自创区"五城九区多园"的创新发展布局,统筹推进沿沪宁产业创新带发展,支持南京加快创新名城建设,发挥苏州工业园区开放创新综合试验带动作用,促进自创区与自贸区"双自联动",优化完善布局,强化协同效应,打造高质量发展的区域创新集群和强劲增长极。苏南自创区到2022年要实现的发展目标是:一体化发展体制机制基本建立,自主创新能力明显增强,创新效率大幅提高,辐射带动能力显著提升,全社会研发投入占地区生产总值的比重提高到3.2%,万人发明专利拥有量达65件,科技进步贡献率达66%,基本建成与现代产业体系高效融合、创新要素高效配置、科技成果高效转化、创新价值高效体现的开放型区域创新体系,成为具有国际影响力的产业科技创新中心和创新型经济发展高地。为此,要求做到"四个坚持":

(1) 坚持高质量发展。围绕"核心技术自主化、产业基础高级化、产业链现代化",大幅增强源头创新能力、技术创新引领能力和融通创新能力,大幅提高科技创新高质量供给,共同培育一批具有国际竞争力的先进制造业集群,加快构建自主可控、安全高效的现代产业体系,为高质量发展走在前列提供核心驱动力。

(2) 坚持区域统筹协调。深入落实长江经济带发展、长三角一体化发展等国家战略,加强省级层面的统筹推进,着力打破"行政经济区"的束缚限制,构建以基础研究、原始创新为导向的城市群协同创新共同体,推动区域间共同设计创新议题、互联互通创新要素、联合组织重大项目,形成"创新一张网、产业一盘棋"的协同发展格局,加速建设以科技创新为支撑的现代化经济体系。

(3)坚持"双自联动"。依托苏南自创区的科教资源和产业集群优势,利用江苏自贸试验区的开放优势和国际化平台,大力支持"双自"联动片区率先开展相关改革试点,鼓励高新区复制推广改革试点经验,实现自创区与自贸区功能叠加、政策共享,促进科技创新、制度创新、开放创新、金融创新的多维深度融合。

(4)坚持体制机制创新。积极探索以科技创新为核心、以破除体制机制障碍为主攻方向的全面创新改革试验,创新一体化发展的新机制,健全完善高效协同的一体化工作推进体系,着力促进科技创新要素高效流动和资源优化配置,加快实现创新政策一体化覆盖、体制机制改革一体化推进。

6.1.2 "三个一体化"

"实体化运作"的一体化建设目标,具体来说就是"三个一体化",即一体化建立组织工作体系、一体化建设重大科技支撑平台、一体化实施重大科技攻关项目。

(1)一体化建立组织工作体系

建立健全一体化发展的组织机构和工作机制,是要在苏南自创区建设工作领导小组的领导下,围绕决策、咨询、执行三个环节,成立自创区理事会、自创区专家咨询委员会以及自创区管理服务中心。自创区理事会承担自创区建设工作领导小组办公室职能,是统筹协调和决策执行机构,负责研究并提出苏南自创区发展战略、发展规划、重大政策以及年度目标任务,负责研究并审议年度重大项目、重大平台建设、经费预算等事项,统筹协调苏南自创区建设各项重点任务,组织开展督促检查等。作为苏南自创区理事会的咨询机构,自创区专家咨询委员会由规划、产业、经济、科技、管理、金融、企业、法律、生态环境等各方面的资深专家组成,目的在于汇聚各方智慧,在理事会领导下,开展规划、政策和重大项目咨询论证,研究提出高质量的咨询建议,为理事会决策提供依据。自创区管理服务中心以市场化模式设立,负责落实理事会审定的各项部署和任务,具体负责苏南自创区重大科技平台和项目实施的管理服务工作,组织开展对苏南自创区一体化发展的绩效考核,承担创新型园区建设、创新型企业培育、创新型产业集群发展、科技成果转移转化、政策先行先试、科技金融、人才建设、创新一体化服务平台等专业化科技服务工作。

(2)一体化建设重大科技支撑平台

按照"统筹布局、开放共享"的原则,加强省与地方联动,部署实施一批跨区域、辐射带动面大、具有全局影响力的重大科技支撑平台。一是共建重大科学研究设施。面向国际科技前沿和全省重大创新需求,省地合力推进建设一批跨地区、跨学科、跨行业的重大科技基础设施。鼓励和引导苏南五市加强协同配合,在前沿交叉、优势特色领域超前布局若干省级重点实验室,共同争取建设国家重点实验室,力争到2022年,苏南地区国家重点实验室总数达38家左右。二是共建产业技术创新平台。依托省产业技术研究院,积极建设综合类技术创新中心,围绕半导体、新材料、生物医药等重点领域布局技术创新中心。到2022年,先进材料、生物医药、第三代半导体及CPU技术创新中心等新型产业研发创新组织建设取得阶段性进展,在重点领域创建一批国家技术创新中心、制造业创新中心、产业创新中心。三是共建科技公共服务平台。加快省科技资源统筹服务中心建设,构建"一站式、全链条"的科技资源统筹服务体系。积极推进国家知识产权局专利审查协作江苏中心、国家技术转移中心苏南中心等跨地区综合性科技服务平台建设。加快建立、完善标准化服务体系,加大对重大、关键核心技术标准的支持和服务力度,以标准促进关键核心技术产业化、市场化。到2022年,苏南地区技术市场合同成交额达1 350亿元。四是共建创新投资基金平台。依托省政府投资基金,通过与地方合作设立子基金等方式,围绕创新发展的关键领域和前沿科技产业开展投资,支持种子期、初创期的科技型企业发展,加大对制造业技术创新和中小企业科技创新支持力度。加快建设南京河西金融集聚区、苏南科技金融路演中心等创业投资集聚区,大力吸引境内外股权投资、创业投资在苏南自创区聚集和发展,放大示范带动效应。

(3) 一体化实施重大科技攻关项目

在重大科研项目方面,通过共同承接国家重大科研项目,联合开展关键共性技术攻关,协同推进科技成果转移转化,组织实施重大产业发展项目,以实现重点领域关键核心技术自主可控的目标,围绕半导体、新材料、生物医药等产业和先进制造业集群,共同组织实施一批战略性、跨区域、跨领域的重大关键核心技术攻关项目和产业发展项目,协同发挥省和地方在重大项目组织实施中的作用,努力补齐创新链关键短板,保障产业链和供应链安全。

6.1.3 "六大行动计划"

"实体化运作"的一体化实施推进,具体来说就是"六大行动计划",即通过加强省市联动和高新区协同,在苏南五市一体化创新发展布局基础上,统筹实施创新型园区建设、创新型企业培育、创新型产业集群发展、人才一体化发展、开放型创新生态建设、全面创新改革试验推进,统筹推进科技改革发展等。

(1) 实施创新型园区建设行动计划。突出高新区科技创新主阵地作用,省市协同推动高端资源优先向高新区集聚、高端项目优先在高新区落户、高端人才优先为高新区服务,统筹布局建设一批一流高科技园区、创新型科技园区和创新型特色园区。打造一批集知识创造、技术创新和新兴产业培育为一体的创新核心区。到2022年,苏南自创区内进入世界一流高科技园区、国家创新型科技园区和创新型特色园区的高新区达11家。

(2) 实施创新型企业培育行动计划。实施高新技术企业培育"小升高"行动,实行省、市高新技术企业培育库衔接机制,量质并举壮大高新技术企业集群。在苏南地区打造一批研发实力与创新成果国际一流、产业规模与竞争能力位居前列的创新型领军企业。到2022年,苏南地区力争高新技术企业达2.1万家,独角兽企业达10家,瞪羚企业达360家,培育认定500家省级专精特新小巨人企业,争创50家国家专精特新小巨人企业和单项冠军企业。

(3) 实施创新型产业集群发展行动计划。强化省市联动和跨市域分工合作,完善高新区"一区一战略产业"动态管理机制,加快建设苏州生物医药、常州智能制造等国家级战略性新兴产业集群工程,争创国家先进制造业集群试点示范。到2022年,苏南地区国家创新型产业集群试点达10家左右。

(4) 实施开放型创新生态建设行动计划。发挥苏南科教资源丰富和开发开放优势,深入推进自创区与自贸区"双自联动",面向全球集聚高水平创新载体,着力放大金融开放创新效应,搭建国家知识产权服务合作平台,加快发展研发设计、检验检测等服务贸易,简化研发试验样品出入境手续,抢占资源配置和科技创新的制高点。深入实施"创业中国"苏南创新创业示范工程,推进认定一批省级双创示范基地,积极争创国家级双创示范基地。举办苏南发展高端峰会等交流活动,有力促进区域间一体化发展合作。到2022年,实施150项跨国产业技术研发合作及载体平台建设项目,苏南地区国家级众创空间和科技企业孵化器达340家左右。

(5) 实施人才发展一体化行动计划。加快建设苏南人才管理改革试验区,着力构建沪宁沿线人才创新走廊。加快引进集聚掌握关键核心技术、引领未来产业变革的"高精尖缺"人才。推进人才市场贯通统一,加强苏南自创区人力资源市场一体化建设。推进人才服务互联互通,进一步完善海外高层次人才居住证制度。到2022年,力争引进高层次创新创业人才10 000人。

(6)实施全面创新改革试验推进行动计划。积极争取国家有关部委支持,深入开展创新政策先行先试,着力在区域协同创新、科技资源开放共享、建设新型研发机构等方面寻求突破。完善知识产权创造和运用激励机制,发挥江苏国际知识产权运营交易中心功能,开展知识产权保护体制改革,鼓励和引导企业、高校、科研机构等创新主体建立健全职务发明奖励报酬、转化实施收益分配等知识产权管理制度。推进苏南科技金融合作示范区建设,着力发展以"首投"为重点的天使投资、以"首贷"为重点的科技信贷、以"首保"为重点的科技保险,促进投、贷、保深度融合。大力发展知识产权质押融资、知识产权证券化等知识产权金融创新。到2022年,率先形成一批可复制可推广的创新改革经验成果。

6.2 企业研发机构高质量提升计划

为了加强对企业研发机构建设工作的组织领导和统筹协调,2012年7月11日江苏省人民政府决定建立江苏省推进企业研发机构建设工作联席会议(苏政办发〔2012〕130号)(以下简称联席会议),该联席会议由省长助理担任召集人,成员由省政府办公厅、发展改革委、经济和信息化委、教育厅、科技厅、财政厅、人力资源社会保障厅、商务厅、统计局等部门主要领导组成。

企业研发机构建设工作是集聚创新资源、转化科技成果的重要途径,对于激发企业建设高水平高质量研发机构的积极性,增强企业研发机构创新能力具有重要意义。截至2019年,江苏省建有研发机构的大中型工业企业和规模以上高新技术企业超过11 000家,建有率稳定在90%左右,拥有国家级企业研发机构150家,位居全国前列[①];建有研发机构的大中型工业企业和规模以上高新技术企业的研发投入、研发人员、有效发明专利分别比2015年增长30%、14%和90%。根据江苏省委、省政府"高质量发展走在前列"的总体要求,围绕深入实施创新驱动发展战略、构建自主可控的现代产业体系等重大需求,联席会议决定启动实施"企业研发机构高质量提升计划",建设企业研发机构高质量提升培育库,培育一批高水平、高层次、高质量的企业研发机构,以增强企业自主创新能力、促进产业转型升级、实现经济高质量发展。为切实有效推进"企业研发机构高质量提升计划",2019年5月联席会议办公室发布了《"企业研发机构高质量提升计划"实施方案》(苏企研联席发〔2019〕1号)(以下简称《方案》)。

《方案》启动后,已有首批223家企业入选高质量提升培育库,其中26家入选具有国际影响力的企业研发机构培育计划(第一层次),197家入选国内一流的企业研发机构培育计划(第二层次)。2021年1月,根据《方案》和《关于组织推荐第二批"企业研发机构高质量提升计划"培育企业的通知》(苏企研联席发〔2020〕3号),经企业申报、地方推荐、专家评审、综合评议等程序,联席会议发布第二批"企业研发机构高质量提升计划"培育企业名单,确定南京玻璃纤维研究设计院有限公司等137家企业入选第二批培育库。

第二批培育企业的推荐遴选也分为二个层次,第一层次是"具有国际影响力"的培育企业,第二层次是"行业一流"的培育企业。

---

① 我省启动实施"企业研发机构高质量提升计划"[EB/OL].(2019-05-31)[2021-08-06]. http://kxjst.jiangsu.gov.cn/art/2019/5/31/art_7525_8351599.html.

第一层次培育企业遴选指标体系是 3 个一级指标和 12 个二级指标。①研发能力国际化：海外研发机构（基地）数；境外研发投入及占比；国际科技合作项目数；外籍研发人员数及占比。②技术水平国际化：发明专利和 PCT 专利拥有量；主持或参与国际标准数；获国际性奖励或国家科学技术奖励数；是否承担国际组织或联盟秘书处工作。③产品市场国际化：企业主营业务收入；出口销售收入占主营业务收入比例；境外注册商标数；是否位于细分行业全球前十或全国前三。其中"发明专利和 PCT 专利拥有量""主持或参与国际标准数""是否位于细分行业全球前十或全国前三"是三项必要二级指标，"海外研发机构（基地）数"是优先指标。第二层次培育企业遴选指标体系也是 3 个一级指标和 12 个二级指标。①研发能力：研发投入及占比；承担国家重大科技项目数；研发人员占全部职工总数的比重、拥有的高级专家和博士数，其中高级专家指国家级、省部级政府津贴专家、国家级突出贡献中青年专家、江苏省人才办"333"工程专家；是否建有省级院士工作站、拥有省级以上的研发平台数。②技术水平：发明专利拥有量；主持或参与国家和行业标准数；获省级以上科学技术奖励数；是否承担国内行业组织或联盟秘书处工作。③产品市场：企业主营业务收入；新产品销售收入占主营业务收入比例；省级以上名牌产品数；是否位于细分行业全国前十。其中"发明专利拥有量""主持或参与国家和行业标准数""是否位于细分行业全国前十"是三项必要二级指标。

按照《方案》的目标要求，要力争在三年时间内，培育 30 家左右具有国际影响力的企业研发机构和 200 家左右国内一流的企业研发机构，带动全省企业研发机构建设的整体水平持续提升，形成一批国内外有影响的创新型领军企业，带动重点产业进入全球价值链中高端。因此，一要建立"一企一策"的联动机制：建立联系制度，强化跟踪服务，集成政策资源，协调解决企业研发机构培育过程中的具体问题。二要开辟"绿色通道"，支持培育企业进行协同创新、成果转化、技术交易以及仪器设备共享等。三要建立动态管理机制，定期对培育企业进行评估，强化优胜劣汰。

通过"企业研发机构高质量提升"培育库的建设，目的是集成各地、各部门创新政策和创新资源，系统化推进高水平、高层次和高质量企业研发机构建设，支持企业培育一批标志性人才团队、研发一批标志性核心关键技术、打造一批具有影响力的研发机构，为构建自主可控的现代产业体系、推动高质量发展走在全国前列提供有力支撑。

6.2.1 培育高层次人才团队

（1）加大高层次人才引进力度。高层次人才是指发达国家院士、国际学术组织负责人、世界知名科技企业高管等战略性科技人才。支持培育企业加大引进高层次人才力度，培育企业可优先申报"万人计划""双创计划""外专百人计划""333工程"等人才项目，培育企业用于引进高层次人才的住房补贴、科研启动费等，按规定可在税前扣除，培育企业引进高层次人才将优先获得奖励补助，优先为培育企业引进高层次人才提供奖励补助，协调解决科研设备、发展场地、配偶就业、子女就学等实际问题。

（2）发挥院士创新引领作用。发挥两院院士创新引领作用。支持两院院士在企业建立院士工作站，鼓励院士团队骨干到企业担任"科技副总"或"产业教授"，培育企业新建院士工作站获得"优秀""良好"的绩效评估，可提高奖补额度，企业院士工作站建设原则上从培育企业中遴选。

（3）加强科技企业家的培育。优先支持培育企业参加科技企业家支持计划，组织科技企业家赴海内外学习考察，着力提升科技企业家的创新能力和国际化素质,培育一批既通科技、又懂市场的复合型创新创业人才。

6.2.2　研发高水平核心技术

（1）攻克标志性核心技术。鼓励培育企业大力开展应用基础研究、前沿高技术研发和产业关键技术攻关,突破一批具有自主知识产权的技术和产品。培育企业可优先参与国家科技重大专项、科技创新 2030-重大项目、重点研发计划等国家重大科技计划;培育企业可优先承担关键基础材料、核心基础零部件、先进基础工艺、产业技术基础等"四基"领域的工业强基重点项目。培育企业进入外国(国家或地区)公布阶段或获得授权的 PCT 专利应予奖励。

（2）加快科技成果转化。鼓励培育企业与高等院校、科研院所联合研发、协同创新,开发一批创新水平高、产业带动性强、具有自主知识产权的成果转化项目,培育企业可优先申报省科技成果转化专项资金项目。培育企业进行首台(套)产品研发,可优先纳入省首台(套)重大装备推广应用指导目录,优先申报省级工业和信息产业转型升级专项资金项目。培育企业推广"企业研发机构＋孵化器"模式,建设专业孵化器或与孵化器开展协同合作,可优先申报省级或国家级孵化器。

（3）积极参与国际合作。培育企业与世界一流大学或研究机构开展联合研发,可优先申报省国际科技合作项目。鼓励培育企业积极加入国际行业组织或联盟,承担国际行业组织或联盟秘书处工作,主持或参与制定国际标准,积极参加国际学术会议、举办国际学术论坛。

（4）不断完善研发体系。支持企业研发机构积极开展研发管理体系贯标、知识产权贯标和创新方法运用,鼓励培育企业把技术创新与管理创新结合起来,创新管理模式、规范管理制度、建设创新文化,不断提高研发能力和效率,持续提升企业创新"软实力"。

6.2.3 建设高质量创新平台

(1) 加快国家级企业研发机构建设。要在新一代信息技术、战略性基础材料、先进智能制造等领域,加强国家级企业研发机构建设,培育企业可优先申报企业国家重点实验室、国家技术创新中心、国家制造业创新中心、国家企业技术中心、国家地方联合工程研究中心等国家级企业研发机构,每年新增国家级企业研发机构5~10家。

(2) 加快产业研发平台建设。支持培育企业与省产业技术研究院建设企业联合创新中心,积极参与先进材料技术创新中心、生物医药创新资源协同运营中心、半导体产业技术创新中心建设,成立一批产业创新中心、协同创新中心、产业技术创新联盟等研发平台;要加快省企业重点实验室建设,新建省企业重点实验室原则上全部从培育企业中遴选;要鼓励有条件的企业研发机构法人化运营;知名跨国公司、中央直属企业、国内行业龙头企业来江苏注册设立独立法人资格的研发机构或研发总部,要择优给予分期分档支持。

(3) 加快海外研发机构建设。支持培育企业通过收购并购或直接投资等方式,加快布局海外研发机构或海外联合实验室,直接利用当地的高端人才、先进科研条件和优良创新环境开展研发活动,提升培育企业参与国际技术交流与合作的层次和水平,构建全球创新网络;鼓励培育企业积极响应"一带一路"科技创新行动计划,面向"一带一路"相关国家开展科技人文交流、技术合作或共建联合实验室。

6.3 推动江苏省民营企业创新发展

为了提升民营企业技术创新能力,支持民营企业创新发展,根据科技部、全国工商业联合会《关于推动民营企业创新发展的指导意见》及江苏省委、省政府《关于促进民营经济高质量发展的意见》,江苏省科技厅和江苏省工商业联合会制定了《关于推动江苏省民营企业创新发展的实施意见》(苏科高发〔2019〕34号)(以下简称《意见》)。

《意见》要求树立创新、协调、绿色、开放、共享的新发展理念,发挥科技创新和制度创新对我省民营企业创新发展的支撑引领作用,通过政策引领、机制创新、项目实施、平台建设、人才培育、科技金融、军民融合、国际合作等措施,提升民营企业科技创新能力,推动江苏民营经济高质量发展走在前列。

《意见》确定11项重点任务,并对各项任务进行了细化,以全面支持民营企业做优做强。

(1) 打造创新型企业梯队。实施创新型领军企业培育计划,培育一批核心技术能力突出、集成创新能力强、引领产业发展、具有国际竞争力的创新型民营企业。实施科技企业上市培育计划,遴选一批高成长性民营企业列入培育库,在产业细分领域培育一批"隐形冠军"和"瞪羚"企业。大力实施"小升高"计划,推动面广量大的民营科技企业加快成长为高新技术企业。

(2) 支持民营企业参与实施科技项目。积极推荐有条件的民营企业参与国家科技重大专项、科技创新2030-重大项目、重点研发计划等国家重大科技项目,支持企业在基础研究和公益性研究方面开展科研活动。

(3) 鼓励民营企业建设高水平研发机构。积极推动行业龙头民营企业参与建设一批企业国家重点实验室等研发和创新平台；省产研院与细分行业龙头民营科技企业共同打造省产研院-企业联合创新中心；通过项目资助、后补助、社会资本与政府合作等多种方式支持民营企业建设新型研发组织，推动民营科技企业建设省级重点实验室、工程技术研究中心。

（4）建设创新创业载体服务民营小微企业发展。实施众创空间建设行动，按照市场化机制、专业化服务和资本化途径的要求，打造众创空间、科技企业孵化器等多种创新创业载体，强化科技企业孵化器绩效奖补力度，推动民营小微企业参与"江苏省创新创业大赛"，弘扬创新创业文化。

（5）加强创新创业人才培育激励。加大对民营企业中青年科技创新领军人才、重点领域创新团队的培育和支持。推荐更多民营企业申报科技部创新人才推进计划。发挥"科技镇长团""科技副总""产业教授"作用，为民营企业提供智力支持。建立创新创业援助机制，对主要负责人已尽到勤勉和忠实义务、且有继续创业意愿和能力的创业失败科技型小微企业，发放创业补助，鼓励其持续开展创新创业活动。

（6）落实支持民营企业创新发展的各项政策。会同税务部门指导和支持民营科技企业设置研发费用辅助账，深入落实研发费用加计扣除政策。加强与财政及税务部门沟通协调，推动落实高新技术企业、技术先进型服务企业等税收优惠政策。强化科技成果转化激励，企业自主研发并实施转化的具有自主知识产权的重大科技创新成果，由省科技成果转化专项资金给予同等力度资助。

（7）完善科技金融促进民营企业发展。完善以"首投、首贷、首保"为重点的科技投融资体系；鼓励有影响、有实力的民营金融机构设立创业投资基金、设立服务平台等方式，开展科技金融服务；大力开展科技金融进孵化器行动，加快建立具有江苏特色的孵化器投融资服务体系。

(8) 推动民营企业参与军民协同创新。支持民营企业、高等院校、科研院所等多方协同,建设军民融合众创空间、科技企业孵化器、高科技园区、技术创新战略联盟等机构,开展军民科技协同创新。建立完善各类军民协同创新公共服务平台。

(9) 引导民营企业开展国际科技合作。依托产业创新国际化行动计划,引导国际创新要素向民营科技企业集聚,推动民营科技企业积极融入全球研发创新网络、提升整合国际创新资源的能力。支持民营科技企业按照国际规则并购、合资、参股国外创新型企业和研发机构,建设海外研发基地。鼓励民营企业积极响应"一带一路"科技创新行动计划,参与科技人文交流、共建联合实验室、科技园区合作和技术转移。

(10) 深化产学研合作。举办中国江苏产学研合作大会,积极推进中科院"科技服务网络"试点工作,为江苏省民营企业与重点科教单位开展产学研协同创新提供平台;鼓励民营企业参与产业技术创新战略联盟建设。

(11) 为民营科技企业提供更优质的服务。加快建设省科技资源统筹服务中心、省技术产权交易市场,完善科技资源统筹服务体系,整合全省大型科学仪器资源,完善省大仪平台仪器资源信息,推动高校院所等管理单位的大型科学仪器资源对民营科技企业开放,为民营科技企业技术创新提供更优质的服务支撑。

第三篇
专题研究

7 专题研究Ⅰ：高技术传播一般机制

21世纪的世界性趋势与特征是"知识经济"和"全球一体化"。这两个特征构成了高技术传播的时代背景和客观要求。二十世纪中叶以来，以知识密集、智力密集为基本特征的高技术经济的飞速发展使信息、知识以某种加速度进程占据社会经济的主导地位，资源、能源、信息（知识）的主导地位更替深刻地勾划出了时代变革的根本特征。信息、知识的生产和传播在经济过程中的主导地位与世界经济相互依赖性的空前提高相互促进、相互加强，从而改变着未来竞争优势的基本原理——创造、传播和应用知识的能力成为竞争未来的根本保证。在高技术产业的全部过程中，全球经济的这种竞争能力的重要性突出地表现在它是各国开发、利用高技术资源，提高未来高技术竞争优势的根本来源。知识资源的竞争与全球高技术协作网络的形成相互影响，共同构成了全球高技术传播网络的宏观背景。在这一背景下，寻求某种潜在的加速机制，分享"知识报酬递增"和"资源依赖性"所带来的好处，适应知识经济的时代要求，利用世界经济一体化所提供的良好契机，已经成为一个战略高度的现实问题，同时也构成了当代高技术传播研究所应关注的理论任务。

7.1 问题提出

"高技术传播"并不是一个泛泛的概念,它是对有关学科理论的识别与综合的结果。与技术本身一起历史地发生、发展的技术传播现象是人类传播活动的重要组成部分之一,对它的理论研究可以概括为传播学研究和传播研究。传播学研究的较大部分是在其操作取向上,它关注各种知识载体如各种科技文献及情报的编辑加工、存贮检索和流通交换的方法和技术,其研究成果主要体现在科技情报学、科技编辑学、科技翻译学、科技新闻学以及科技期刊与出版研究等。此外,在传播学的学科范围内研究科技传播的一般规律也得到相当的重视,主要是把科技传播作为"人类传播行为的一个分支"而进行的系统研究。传播研究始于二十世纪六十年代的国际技术转移研究,它把技术传播作为一个技术经济过程加以研究,如德国学者艾利克·鲁普认为,"技术转移是经济地利用研究与开发成果的措施……技术转移包括促进科学与技术潜力的潜在利用可能性与实际利用之间取得联系的全部过程和措施"。(中国科学技术情报研究部,1989)国际技术转移研究由于众多国际机构(如联合国等)的推动,至八十年代一直是在世界范围内得到重视的热门课题,早期的理论工具主要是国际经济学和经济发展理论,跨学科的研究方法使技术传播研究突破了传播学分析框架。九十年代以后,"知识流动"成为国家创新系统的研究重点,经济合作与发展组织(OECD)1997年发布的"国家创新系统"年度报告,为国家技术政策制定者说明阻碍企业创新能力的"系统失灵"提供了理论和方法,可以把国家创新系统中关于"知识流动"的研究看作是在国家层次上展开的某种技术传播的政策研究。

从上述技术传播的国内外研究状况来看,技术的传播学研究与传播研究仍然存在着令人遗憾的分工,二者尚未被有机地综合起来。一般地,技术的传播学研究局限于传播学的学科范围,缺乏其他学科如经济学、管理学的理论支撑;技术的传播研究则缺乏一般传播学的理论基础,研究成果则分散于各种不同的研究课题如科技成果转化、技术创新扩散等。二者在研究的内容上也主要涉及传统技术传播,对高技术传播的系统研究并不多见,至于在高技术企业或产业角度上,把高技术传播看作是人类传播过程和经济管理过程的结合,进一步研究高技术传播的机制与策略,尚未见诸公开发表的学术论文。

本研究首先把高技术传播的概念形成建立在对于作为人类少数基本概念之一——"传播"的深刻理解的基础上;其次在充分重视技术与高技术的联系与区别的前提下,把高技术传播过程作为人类传播过程和技术经济过程的有机综合,对当代高技术传播的一般机制与策略进行探讨,在此基础上,进一步研究当代高技术传播的主导分析对象——跨国公司高技术传播的基本策略结构的变革、主导机理的复杂性内涵;最后分析对现实环境的问题意识以及我国参与高技术传播的战略选择。具体来说概要如下:

(1) 首先在对高技术传播概念的特质把握的基础上,引出传播维度和有效传播这两个关键概念作为基本分析工具,分析高技术传播一般发生机制的三种基本主导因素:报酬动机、竞争压力和规范力量。其次尝试引入以内部过程为核心的高技术传播综合过程模型,分析高技术传播的运行机制。

(2) 从高技术传播一般分析出发,首先分析跨国公司高技术传播的两个当代特征:战略驱动以及研究与开发协同,它们是当代高技术传播独特的发生与运行方式。其次从跨国公司全球战略思维的变革入手,探讨新的全球竞争环境下从传统竞争策略到协作型竞争策略的结构改变对高技术传播策略基础的深远影响。最后,根据众多的跨国战略联盟案例,描绘出高技术传播主导机制的层次结构及其动态发展。

(3) 分析我国高技术传播的参与机会与"追赶陷阱"风险,指出我国在跨国公司进入(尤其是研究与开发投资)和高技术传播资源缺乏条件下的战略选择,阐明"高技术传播有限突破战略"的主要含义。

7.2 概念基础

技术传播现象是与技术本身一样历史地发展着的,其理论研究大致可以划分为技术的传播学研究和技术的传播研究。法国学者 G. 泰特(1904 年)最早以模仿的法则系统研究技术传播现象,S 型传播曲线的发现以及之后的证实(赖安和格劳斯,1943 年)使技术的传播学研究成为技术传播现象的近代研究模式(斋滕优,1984)[3]。始于二十世纪六十年代的国际技术转移研究,则确立了技术的传播研究的基础并使之成为世界范围内得到重视的跨学科的研究课题。由于技术与高技术之间的区别与联系以及环境的急剧变化,在国际技术转移研究基础上,对高技术传播现象作较为深入的分析研究显然具有理论的和现实的必要性。这里"转移"与"传播"词汇的适用性首先成为国际技术转移研究与高技术传播研究之间的初始区别。本研究试图在对高技术传播的较为详尽的概念描述的基础上,探讨高技术传播发生机制、运行机制的基本理论模型,以此作为高技术传播的一般性分析框架的一个初步讨论。

在早期,技术的传播学研究与其说是用传播学的研究方法来分析技术传播现象,不如说是与四十年代前后的传播学研究热潮一起推动了现代传播学的发展及其研究模式的确立,可以把它看作是技术传播的狭义研究。相应地,技术传播的广义研究则始于对国际技术转移的重视,它最早是1964年第一届联合国贸易开发会议所提出的"技术转移问题"。由于科学技术在世界经济中日益增加的重要性,世界经济中资本、贸易的主导战略地位逐步转变到迅猛发展的科学技术。联合国在七十年代的第二次"联合国开发的十年"即是以技术转移战略为其重要支柱的。此后,国际技术转移成为各种国际机构共同关心的国际性热门问题并发展为国际经济学和经济发展理论所关注的技术转移理论研究。这一研究方向表明,技术传播在传统的传播学分析模式基础上转向技术传播的广义研究。显然,这两种研究方向并不必然是不相关联的,如何从寻求其交叉点出发,把近代和现代的研究方法结合起来,并首先在对人类基本生存方式——传播的深刻理解和把握的基础上对高技术传播概念作进一步的跨学科理论描述,可能是摆脱当代高技术传播研究理论落后于实践的可行途径。

　　传播,是人类社会少数几个基本概念之一。"传播(Communication)是一个具有普遍外延的概念,它的内涵建立在传播是生命个体和群体的基本生存方式之上。"(曹自学,1996)[1]从词源上讲,传播这一词语的英文是"Communication",它的准确定义是在二十世纪四十年代末申农发表《通信的数学原理》提出信息概念之后才具备了理论基础。"由于信息概念的提出,传播学的理论起点问题便得到解决,从而保证了传播学研究的理论色彩。"(李彬,1994)在传播的一般理论研究中,传播定义大致有四种类型。①共享说。英语Communication的词源是拉丁语Communis,其含义是"共有的""共同的"或"公共的"。传播学的集大成者威尔伯·施拉姆指出:"我们在传播的时候,是努力想同谁确立'共同'的东西,即我们想共享信息、思想或态度。"②交流说。传播是一种双向的活动过程,其着眼点在于强调沟通的过程。③影响说。强调传播是传者意欲对受者(通过劝服)施加影响。④符号说。传播是符号(或信息)的流动。传播学的一般理论研究把传播定义概括为:传播是传受信息的行为(或过程)(张国良,1995)。传播学的奠基人施拉姆在论述人类传播行为本质时曾经指出:"认为在人类传播中从发出者到接受者有某种不会变化的'流'的想法,是已被人们遗忘的过时知识。最好是把一个信息看作是一种催化剂。它除了能激发接受信息的人身上的力量以外,本身并没有什么力量。"(施拉姆等,1984)对于高技术这一特定的传播内容来说,"高技术传播"这一概念究竟是什么呢?"所谓高技术是指在当代科学技术突破中涌现出来的、以科学最新成就为基础的、知识高度密集的、对经济增长和发展具有重大意义的技术群。"(叶明,1994)[87]高技术传播的特质把握应当集中在高技术的知识(信息)创造对于传播进步的依赖性(或对于世界高技术传播网络的依赖性),集中在知识(信息)交互、共享与创造的协同过程所产生的重大经济社会效果。这样高技术传播的技术、经济乃至文化意义才能真正确立起来,未来的高技术传播参与者才能发现利用、开发高技术资源,完善高技术能力,提高高技术竞争优势的潜在可能性。对于这一研究任务,技术的传播学研究显得过于单纯,正如我国有远见的科技传播学作者认为:"单纯的传播学规律这一线索能否构架足够强度的科技传播学学科体系是一个有待探讨的问题。"(曹自学,1996)[20]另一方面,传统的国际技术转移理论也并不能很好地适用于迅猛发展的高技术传播的现实分析。扩展的、综合的高技术传播概念的特质描述主要包括传播维度和有效传播这两个关键概念,它们构成了高技术传播的两种有效分析工具。

其一,从上述对传播概念的基本理解出发,可以把高技术传播看成某种多维传播向量的构成。共同决定高技术传播有效程度的三个基本的维度是:参与人、知识、空间和时间。参与人维度是高技术的传播者和创造者。知识维度是参与人交互共享与协同创造的信息内容(从知识目标到知识成果)。空间与时间维度是特定环境下知识在传播通道中的运行过程及其特征。参与人的概念来自于博弈论理论,原指"博弈中选择行动以最大化自己效用的决策主体(可能是个人,也可能是团体,如国家、企业)"。(张维迎,1996)在这里参与人维度的确立是表明高技术传播可以作为一个博弈过程(可能是非合作博弈,也可能是合作博弈,其区别在于是否有具有约束力的协议存在)来理解。从知识维度来看,高技术传播可能是在实际应用部门,也可能是在基础研究部门,或者是两者的交叉或一体化。空间和时间维度表明高技术有效传播在空间和时间上的一致性要求。空间和时间上的一致性是传播的双向性和循环性的基本反映。

其二,有效传播是传播的一种本质指向。传播的有效程度或者有效传播的程度这一概念的含义是传播的"失真"和"失效"是存在的。高技术有效传播的程度不仅是指高技术传播效果,更重要的是指在达到作为其最终目标的知识(信息)的完全的交互与共享的协同创造过程中存在固有的约束条件。这种约束条件通过对高技术传播的三个基本维度的作用,从而影响特定的高技术传播的发生、运行以及最终效果。高技术传播的有效程度取决于这三个基本维度上有效传播程度的向量和。对"参与人"维度起主要作用的是技术能力、传播能力以及所选择的策略均衡。对"知识"维度起作用的主要因素可能是技术水平或者与固有的技术规范与技术轨道有关,或者与技能扩散的固有规则有关。"空间与时间"维度与特定的外部环境的约束条件有关,此外参与人的策略均衡也会影响知识通道的构成。三者中参与人的策略均衡在当代是一个首要的影响因素。例如,可能产生的高技术传播不同形式(比如许可证协定、联营中技术的契约安排、研究与开发合作等)的选择运用及其组合,以及对它们的特定的内容控制,目的是寻求或维持高技术优势,其结果是参与人在不同环境条件下的不同策略均衡总是体现了某种高技术的有效传播程度。

7.3 发生机制

高技术传播发生机制的分析基于两个基本前提,第一是把高技术传播的扩展、综合概念作为分析起点,第二是准确把握变化环境的基本特征。在这两个前提下深入分析影响高技术传播发生的占优的和起根本影响作用的结构要素及其协同关系。因此,高技术传播的发生机制不是局限于某种特定传播方式(如曼斯菲尔德、拉格曼、卡森、凯夫以及邓宁等人对跨国企业在国际直接投资时技术许可交易发生机制的论述)的单一分析,也不是在一般意义上(如斋滕优的资源-需求假说)的抽象分析。在经济利益、竞争压力、政策环境、社会文化等因素共同的复杂作用中,重要的是动态地、综合地分析种种主导因素对高技术传播发生机制的特殊性质和贡献程度。此外,特别是重视从高技术自身这一角度,分析影响高技术传播发生的规范力量的影响作用。影响高技术传播的相互关联、相互作用的三种主导的基本因素可能是:报酬动机、竞争压力和规范力量。

7.3.1 报酬动机

报酬动机表明,任何高技术传播的参与人存在一种最根本动机,即参与人效用的最大化。一般地,参与人尽可能地满足各自的利益或避免潜在的损失显然是某个具体的高技术传播活动所以能够发生的首要动力。最大化效用原则不但推动着高技术传播具体形态的形成,同时也极大地影响着有效传播程度。高技术传播的参与人在具体的外部环境条件下,通过一定的传播形态以及对它的特定控制谋求最大效用。比如在不同传播形态中可能的特定控制是:在许可证贸易中对专有或专利技术的保密与保护或者强调交叉许可条件,合作或合资生产中防止技术外溢的有关措施,联合研究与开发中的独立实验室或"公司边界"等。最大化效用并不必然是单纯的经济利益(比如企业的最大利润收入),也可能是其他比如企业的战略利益。对于高技术企业来说,高技术传播报酬动机的可能目标是:

① 资金获取。获得某项高技术项目巨额研究与开发投资的补偿,以提供足够的资金从事下一轮研究与开发活动,为不断的技术创新活动提供财力上的支撑。或者为满足高技术产业研究与开发的巨额成本需求而联合从事研究与开发活动。

② 市场规模。高技术产业往往需要全球市场规模才能补偿大量的成本投入,为了满足高技术的规模经济性,通过种种合作安排或合资企业,发掘、扩大全球市场,提高技术、产品门槛,分担成本费用与市场风险,从而树立牢固而长远的市场地位。或者出于其他战略原因(比如跨国投资的跟进策略)以确保市场份额。

③ 资源匹配。通过资本、技术(技能)、人力资源以及市场机会的流动与匹配,发挥特定的区位优势,充分利用全球资源以提高竞争优势。

7.3.2 竞争压力

在传统国际技术转移理论中,分析竞争力量是一种重要的、潜在的框架,由于竞争对手的存在,国际技术转移将会带来对竞争优势的威胁。这种竞争力量作用的存在是导致发达国家对发展中国家的成熟(甚至过时)技术的梯度转移的根本原因。

对于高技术传播来说，企业之间的复杂竞争关系决定了竞争力量既是高技术传播发生的重要约束条件，同时也构成了重要的压力机制。在现代空前激烈的全球竞争环境中，高技术优势往往成为决定企业乃至国家竞争力的关键因素，成为维持已有地位和拓展生存空间的有力武器。竞争压力一方面使得企业不断进行技术创新从而保持其在高技术领域的优势地位，同时由于传统的竞争方式已经不能满足高技术领域新的全球竞争事实，全球化所带来的竞争压力来自于高技术产业研究与开发成本的增加、产品寿命周期的不断缩短、市场的不确定性和规模经济性等因素。因此经过全球性的跨国兼并与收购之后，跨国战略联盟迅速地发展起来。由此高技术传播的知识"通道"问题有了最终得以解决的前景。更重要的是，跨国战略联盟推动了竞争思维的变革，传统的"你死我活"式的竞争正越来越由协作基础上的竞争而取代。在某种意义上，这一竞争思维改变的结果不但使得高技术传播竞争结构的改变成为可能，也使得高技术传播在真正意义上成为可能。由于伙伴关系的确立，"零和游戏"向"正和游戏"的变化，高技术传播的"时空一致性""瓶颈"有了解决的契机，从而大大加快了高技术传播的速度，极大地提高了知识（信息）在全球更大范围内流动与传播的可能性。

当然，伙伴关系并未消灭竞争，而正是由于竞争前提下的伙伴关系的存在，竞争压力才始终能够成为强大的高技术传播动力，并在同时使得高技术传播中的竞争性关系空前地复杂起来。

7.3.3 规范力量

规范力量是从高技术自身这一角度分析高技术传播的影响因素。英国学者 G. 多西认为，与科学范式相似，也存在着"技术范式"。"技术范式可定义为解决所选择的技术经济问题的一种'模式',这些解决问题的办法立足于自然科学原理。"(多西等,1992)[276]多西的技术范式概念的基本假设是:"创新活动是一种强选择性的以更准确的方向为终结的,通常是积累性的活动。"(多西等,1992)[277]因此,技术范式就成为某种技术进步的规范力量,它决定着进一步技术创新的技术机会及其利用的基本程序,起着"技术路标"(萨哈尔,1981年)的作用。规范力量对高技术传播的影响可以概括为两个方面,基本方面的影响是以通过参与者共享知识的公共部分(公开的出版物或技术外在性的结构性组合),以及通过单个企业对"技术瓶颈"的克服而进行的。后者的有效传播程度是约束性的,因为此时创新知识在单个企业层次上是"局部的"和"累积性"的,有效传播的程度取决于企业解决由此而来的"技术瓶颈"的能力。概括来说,规范力量推动了高技术的相关信息流动,缩短了前沿高技术的搜索路径,规定并提供了高技术传播的技术机会或技术方向。

同样重要的是规范力量的"拓展"方面的影响,它主要表现在规范竞争当中。在高技术领域争取主导"技术规范"的激烈竞争正越来越成为影响高技术传播的重要力量。规范竞争正促使高技术由产品平台、技术平台乃至关键技术的不断开放,并导致高技术产业竞争形式的日益复杂多样。例如,RISC(Reduced Instruction-Set Computing,精简指令电脑)技术领域联盟网络的标准竞争使得掌握着RISC设计技术的处于集团核心地位的四大公司(Mips公司、太阳微系统公司、惠普公司和IVM公司)都通过许可证方式允许其他半导体公司生产RISC芯片,以OEM方式向其他公司提供系统以此来发展"基于公司的竞争优势"。可见,在形成特定领域的技术规范或技术标准的竞争中即使是跨国联盟网络,技术许可也成为一种基本的策略选择。进一步的例子是被称为软件业革命的LINUX和GNU LINUX"自由软件"或"开放源代码软件"。它所采用的是 GPL(GNU 通用许可证制度)版权规则,其宗旨是保障程序员和用户对自由软件有无限的修改和复制权力,并且对自由软件进行复制、修改或发行的同时也意味着接受了 GPL 条款,开发者因此也必须开放源代码。开放源代码软件标志着软件业知识产权形态的转变,这是在互联网推动的"网络经济"崛起的背景下软件产业从封闭式产权形态(以微软的 Windows 操作系统为代表)到开放式产权形态的必然趋势,代表着新的开发模式、商业模式和竞争模式。红帽公司(Red Hat)上市成功所创造的又一个互联网时代神话以及林纳斯·托尔瓦德斯(Linus Torvalds)在《时代周刊》20 世纪 100 位最重要人物排名第 15 位(比尔·盖茨排名第 17 位)这样的事例表明,"资源共享、服务收费"的开放模式正成功开辟着高技术传播的未来道路。

7.4 过程模型

高技术传播的过程模型分析是试图寻求并建立某种关于高技术传播的一般静态结构与动态过程的理论模式,以此说明其差异性运行过程的共同性质,并为参与者的策略选择提供理论指导。过程模型研究需要指出高技术传播运行机制中各构成要素之间的协同关系以及高技术传播系统在实现其整体功能目标过程中的运行规则、程序以及更为重要的高技术有效传播过程的本质。日本斋滕优教授最早指出技术传播的研究应以"进行过程"为中心,"'关系过程'与'因果过程'的分析有着重要的作用。"(斋滕优,1984)[13]但传统的技术传播模型往往忽略了技术传播三个维度中参与人和知识这两个维度,而以空间与时间维度(并且往往是以空间与时间的分离为前提)为中心建立模型。这种模型在很大程度上可以说是技术传播的外部模型,其重心是技术传播模型与特定的外部环境密切相关,强调对于传播通道的功能性解释。这种外部过程模型仍然对于说明高技术传播在时空维度上的运行机理具有合理价值,但是与参与人和知识这两个维度具有内在联系的高技术传播内部过程的缺失会导致整个高技术传播系统的失效,因此对外部过程和内部过程的综合是有必要的。

7.4.1 外部过程模型

外部过程模型可以用国际技术转移研究中有关的典型模型加以分析。斋滕优的旨在说明技术传播机构与政府政策之间关系的技术传播模型可以看作是某种政策模型,他认为当新技术 T 投入到某个技术传播机构 M 中,在一定环境因素影响下产出技术传播成果 A。这一过程由各种政策来推动。技术传播机构建立在有形的基本设施 I 与制度的基本设施 S 上。传播政策 P 受到所产出的或所预期的传播成果 A 的影响,并直接影响到技术传播机构 M。斋滕优指出政策模型的分析要点是:咨询现代化的发展阶段,通讯结构,技术传播机构的发展阶段,动机诱因的形态,有关技术传播的各种制度,产业组织的影响等。技术传播的速度与效率取决于政策的协调并与传播结构的相匹配(斋滕优,1984)[50-59]。在这一政策模型中,技术传播机构 M 实际上是传播者机构或受传者机构,传播过程的回路由"直接的技术传播政策"构成。系统的输入和输出都是技术,缺乏传播参加者之间的内部反馈过程,是典型的外部过程模型,并有可能产生发达国家传播机构与发展中国家传播机构的匹配问题(斋滕优,1984)[35-50]。另一个典型模型如数量经济研究所的李志军博士所归纳,他强调技术转移各环节上结构与功能的耦合,可称之为技术传播的功能模型,包括技术输出方→技术转移设计→技术接受方三个环节。实际环境中卓有成效的技术转移各环节上的功能包括选择、适应、协调、实施、放大、评价、维持和输出。技术转移设计是实现技术转移功能的中介环节,由技术转移机构即输出方、接受方或第三方如技术转移代办来完成。接受方包括组织、实施、评价和扩散四个环节。组织环节的功能是通过学习使所选择的技术与环境相适应。实施环节是技术转移系统的核心功能,它使新技术成功融合在生产体系中。评价环节是对实施结果的客观评价,实施环节的正效应将进入扩散环节,负效应则反馈到技术转移设计环节。扩散环节是指技术转移系统向全社会的输出,从而提高整个社会经济效益(李志军,1997)。这一模型的特点是:从输出方到接受方是一个单向直线的过程,反馈回路仅存在于接受方和中介环节之间,并且由于这仅是某种外部反馈,因而不构成一个包括了参与人内部过程的双向或循环的技术传播反馈。一般来说,现实的传统国际技术转移中单向性和直线性以及传播的内外部反馈机制的缺失或失效是其基本特征。

7.4.2 综合过程模型

由于高技术的知识密集、智力密集特征,高技术传播的参与人维度正不断凸显其重要性。因此对于高技术传播的内部过程需要加以重视,这里的首要分析问题是:高技术传播中的技术特质是什么,其内部过程究竟怎样?一般认为,技术是"技能结晶"和"知识体系"经由人与自然的交互作用所组成的动态系统,这是对技术在静态分析基础上进行的动态综合。在"知识体系"这一角度上,人类社会的三种主导技术的历史形态可以分别看作是对物质的改造、对能量的变换、对信息的利用的有关知识(叶明,1994)[8-16]。从技术传播角度来看,技术的特质是在于它的思维特征——技术是人类技术活动中的经验和知识,是人类智慧创造性活动成果的重要组成部分。换个说法,高技术传播可以被认为是"作为技术(区别于科学或其他信息)的知识(信息)的交流共享与协同创造的人类活动过程"。(陈健,1999a)这样,高技术传播是作为参与人、知识、时空三个维度综合的特定人类传播活动来理解的,高技术传播的内部过程是通过把参与人维度与知识维度有机结合起来,从而解释特定有效程度的传播运行的内在机制。

如果把高技术传播的参与人(一般地,传者和受者)看成是相互关联的一组信息(知识)处理(发射与接收或编码与译码)者,那么以下若干种传播学一般模式将有助于高技术传播内部运行过程的确立,从而有可能给出高技术传播交互、创造性质的自洽解释。例如,申农-韦弗线性模式(1949年)注意到了"噪音"在传播过程中的存在与作用,指出了信息的发出与收到的不一致性是传播中的难点所在。这说明有效传播的发生实际上只是一种理想状态,这一概念本身即包含了它所具有的特定约束条件这一涵义。当然,这一模式忽略了反馈过程,并把传播过程描绘为单向和直线的过程,如图 7-1 所示(胡正荣,1997)[170]。而以控制论为指导思想的一般传播模式则引入反馈机制,变"单向直线性"为"双向循环性",从而更客观、更准确地反映了现实的传播过程。以奥斯古德-施拉姆模式(1954年)为例,如图 7-2 所示(胡正荣,1997)[174]。这一模式引伸出一个相当重要的"传播单位"的概念,即每一个传播的参加者,无论是个人或者团体,都可视作一个传播单位。传播单位兼有双重身分即传者与受者(释码者)和四种功能即传送(发信)、接受(受信)、编码(符号化)、译码(符号读解)。这样,传播的反馈过程、传播的双向性、循环性均被较为深刻地描绘出来。此外,该模式还指出了传播活动的"对等性"与"实时性",这对分析高技术传播的机理与策略具有相当重要的意义。

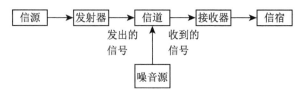

图 7-1　申农-韦弗的线性模式

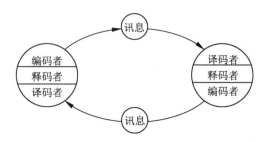

图 7-2　奥斯古德-施拉姆的控制论模式

如果把参与人维度看成是某种奥斯古德-施拉姆模式中的"传播单位",那么这种"传播单位"将是高技术有效传播的"理想"参与人。可以看到,高技术传播中的奥斯古德-施拉姆过程用以解释期望状态的知识交互共享、协同创造这一动态过程是有效的。在图 7-3 中,这一高技术传播的内在过程是作为综合的过程模型中的一个子系统模型出现的。图示模型由四个有机联系的子系统模型所组成,传播形态模型与传统技术传播的外部模型(如政策模型或功

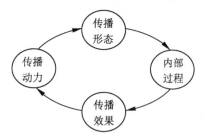

图 7-3　高技术传播的综合过程模型

能模型)大致相当。传播动力模型输出高技术传播的发生机制,推动特定的高技术传播的外部过程的形成,并在高技术传播的内部过程中完成特定的有效传播,其结果输入到传播效果系统。传播效果模型认为发展着的知识、技术系统离开传播的作用是不可能存在的,而传播效果也只有整合到整个技术的、经济的社会系统,才能进而在更大程度上对传播动力系统起到作用和影响。可见,合理的高技术传播模型应当是某种生态循环。

7.5 本章小结

高技术传播是一个复杂性领域,其一般性分析与三种相互联系、相互影响的分析要素紧密关联:分析目的、分析工具、分析对象。在分析现实的高技术传播时,需要对一系列问题加以讨论,比如"高技术传播究竟是一种什么性质的过程?""使用某种高技术传播分析工具的分析要点是什么?""存在哪些高技术传播的主导分析对象,其中哪些成为分析的首选或基本对象?"等等。"概念基础""发生机制""过程模型"三节的讨论实际上是基于当今现实的高技术传播现象,在以这些问题作为分析假设的前提上所作的一个一般理论探讨,并提出了有效的分析工具。

如前述,高技术传播是作为一个传播过程与经济过程的有机结合来加以理解的。本章的研究目的是试图在高技术的"传播学"研究和"经济学"研究之间架起某种桥梁。最终给出高技术传播与技术经济的进步过程的相互作用的联系,指出高技术企业或产业通过高技术传播提高竞争能力和获得高技术优势的潜在可能性,或者指出在当今的现实环境下将产生的传播压力以及这种压力的有效解决途径。

在"概念基础"一节的分析基础上,"传播维度"和"有效传播"同时也是高技术传播的基本分析工具,体现了上述"传播学"与"经济学"的结合。传播维度这一概念既与传播学中的三个基本要素密切相关,即传播者、传播内容和传播过程,也与高技术经济的特征紧密关联,在讨论高技术传播的发生机制和运行机制时,分析要点是参与人、知识、空间与时间三者及其综合:在参与人角度上,重视的是策略均衡和对等地位;在知识维度上,重视的是高技术的知识密集、智力密集特征及其固有技术规范;在时间和空间维度上,重视的是高技术的经济特征即外部经济社会环境对高技术传播通道的作用与影响。同样,"有效传播"概念最初也是从一般传播学对效果分析的重视中扩展而来,并使它成为在现实经济社会环境中把不同高技术传播层次整合成合理的作为技术经济过程的高技术传播系统的有效工具,同时界定了高技术传播的本质指向以及固有约束条件。通过对这两个分析工具的适当运用,有可能为现实的高技术传播的特征分析、策略分析和机理分析以及高技术传播的问题意识提供适当的理论平台。

最后,由于高技术的出现深刻体现了科技进步与经济发展的相互作用,高技术产业作为以科学为基础的知识密集、智力密集型产业,它的形成产生了巨大的经济效益和社会效益。"高技术产业是主导着未来经济发展的、以科学为基础的知识密集型、智力密集型产业。"(叶明,1995)[178]因此,作为传播过程与经济过程结合的高技术传播,它的主导分析对象必然是这样的高技术产业及其组成细胞——高技术企业。具体来说,即是在世界经济中占据着主导和控制地位的高技术行业的全球性跨国公司。把跨国公司作为高技术传播的首选或基本分析对象是与跨国公司在高技术传播中的独特作用与全球地位密不可分的。

8 专题研究Ⅱ：跨国公司高技术传播

现在人们已经认识到，自二十世纪八十年代以来，跨国公司正越来越成为全球化的世界经济的主要组织者和推动者。它们在当代高技术传播中的独特作用与全球地位突出地表现在研究与开发的特征变化以及全球战略思维的变革。全球性的跨国活动是与研究与开发支出互相影响，互相增强的。赫希耶（Hirshey）和凯夫斯（Caves）早在1981年就指出，"任何增加研究费用的举动往往会扩大公司或产业的跨国活动，同样，除了研究之外的任何扩大跨国活动的举动往往会增加研究与开发支出"。（塔格特，1997）当代的特征变化是：研究与开发投资开始超过固定资产投资；投资于国外的科研经费占研究与开发费用总额的比例不断上升；研究与开发活动已从单一的产品设计扩展到应用研究乃至基础研究领域。随着国际竞争环境的急剧改变，全球战略思维变革的图景正如经合组织科学技术和工业部研究人员 R. 布赖纳（R. Brighnar）所指出："技术自给被技术相互依赖所代替，在这种情况下出现资源的联合以分担生产费用和革新风险，还出现制造新产品和新工艺所必须的各种知识和技术人员的集中化。公司间的联系迅速扩大到国外，建立起了稠密的国际合作网，特别是在商品化阶段前的研制工作方面。这个过程是在国际竞争加剧时开始的，当时技术成为竞争力的决定因素。"（李国津，1997）[5]

本章首先从高技术传播的当代特征入手，分析高技术产业跨国公司在快速多变的国际竞争环境中与其全球战略思维变革密切相关的高技术传播问题；其次从跨国企业的角度运用"有效传播"与"传播维度"两个分析工具探讨高技术传播的策略变革和主要机理。

8.1 当代特征

在传播维度这一角度上，跨国公司作为高技术传播的"参与人"实际上是把高技术传播作为具有灵活性的策略均衡以获取高技术的竞争优势。当代高技术传播的知识通道形成的策略特征表明，跨国公司高技术传播的"时空"维度实际上是由公司战略来驱动的，并主要表现在迅速发展的跨国战略联盟中。由于高技术产业的独特性和快速多变的国际竞争环境，当代高技术传播的"知识"维度是前移的，即高技术传播实际上是跨国公司间合作创造的结果，尤其表现在它往往是向研究与发展的前移以及研究与发展向基础领域的不断前移。这两个特征对于高技术传播的发生与运行机理的改变起着重要作用。

8.1.1 战略驱动

由于全球竞争的加剧、高技术产业的技术依赖性以及所需规模经济、市场风险和研究与开发的巨额费用，现在要获得高技术竞争优势已经不是单个公司或企业可以独自完成，对于某些研究与开发投入资源巨大但具有高度不确定性技术风险、市场风险的高技术项目，即使是具有庞大实力的巨型跨国公司也往往是力不从心。由此，二十世纪八十年代以来，高技术领域的战略联盟应运而生,跨国战略联盟正日益成为跨国公司贯彻其全球战略意图并获取高技术竞争优势的有力工具。在本质上作为一种契约安排的战略联盟是跨国公司内部化发展至其公司边界,从而通过尝试对资源依赖性问题的有效解决来共同提高竞争优势。跨国公司这一战略意图必然会导致高技术传播不同程度地超出其内部化边界。由此,跨国公司之间的战略联盟为当代高技术传播提供了新的可能性,从而成为构成高技术传播通道的主要力量。

所谓战略联盟,广义地说是"两个或多个经济实体为了实现特定的战略目标而采取的任何股权或非股权形式的共担风险、共享利益的联合行动"。(李国津,1997)[3] 二十世纪八十年代以后这样的战略联盟迅速增加,在高技术领域战略联盟的发展是最快的。表8-1 的数字反映了1973—1988 年间跨国公司之间的各种战略联盟的发展速度。表8-2 提供了美国、欧洲和日本的生物工程、信息技术和新型材料三个行业之间战略联盟数量的增长情况。对于单个跨国公司来说,从附表1"1990—1995 年韩国三星电子公司的主要战略联盟"可见,战略联盟已成为跨国公司普遍采用的主要竞争战略。

表 8-1　1973—1988 年跨国公司之间签订的不同形式的协议数量

协议形式	1973—1976 年	1977—1980 年	1981—1984 年	1984—1988 年
风险协定	64	112	254	345
共同研制	22	65	255	653
技术交换	4	33	152	165
直接投资	29	168	170	237
供应合同	19	47	133	265
单方技术转让	15	71	259	271
合计	153	496	1 223	1 936

资料来源:《经合组织观察家》1992 年第 174 期,第 9 页。

表 8-2 美国、欧洲和日本在生物工程、信息技术和新型材料领域内的战略联盟数量

联盟领域	美国与欧洲		美国与日本		欧洲与日本	
	1981—1984年	1985—1989年	1981—1984年	1985—1989年	1981—1984年	1985—1989年
生物技术	58	124	45	54	5	20
信息技术	158	256	133	132	57	57
新型材料	32	52	16	40	15	23

资料来源:《联合国 1996 年世界投资报告》。

二十世纪九十年代以来跨国公司战略联盟主要集中于半导体、信息技术、电子、生物工程等高技术产业,其战略合作的范围包括了研究与开发、生产、销售和服务的全部过程。由于产品特点、行业性质、竞争程度、企业目标和自身优势等因素的各不相同,战略联盟往往是公司间在产品、技术或市场等不同战略领域的共同合作以及资源和利益的共享。战略联盟包括了跨国公司之间许可证协议、特许专营协议、单方持股、相互持股及合资等多种形式。普辛克(Pucik,1988)指出:"公司建立战略联盟,过去主要考虑的是降低资本投资的需要,减少进入新市场时的风险,而现在的强调点主要是如何利用技术快速变化所带来的好处,以及如何对世界市场上不断加深的竞争性作出反应。"由于战略联盟这一全球互利活动可以看作是在市场机会、成本、技术(技能)三种筹码之间的"套利"(布利克等,1998)[8]过程,是三种筹码在全球范围内的一个战略均衡,这就为特定的高技术有效传播通道提供了在范围和时效上前所未有的可能性,以至形成了具有网络特征的提供了不同有效传播程度的高技术传播系统。现在置身于这一高技术传播网络以外并且缺乏足够"博弈"能力的经济实体想要获得高技术领域的竞争优势几乎是不可能的。这正好在更为现实的角度上说明,当代高技术传播正是由"战略"来驱动的。

8.1.2 研发协同

技术传播在传统意义上显然具有"滞后性"。由于技术优势往往对公司在产业中的竞争地位有深刻影响,因此转让或转移的技术将处于其生命周期的成熟阶段。跨国公司为了克服世界市场的不完全性,节省交易费用,作为其特权优势的技术一般经过内部化转移而得以传播,向外部企业的技术以及与技术相关的一揽子转移都要经过缓慢的"溢出"效应来实现。单向的和线性的传统技术传播的方向取决于技术梯度的存在,"引进、消化、吸收、再引进"是通常的模式,在传播维度上的特征主要是空间与时间上的不一致,这表现为技术知识、技术能力的获得的有效程度依赖于技术接受方一定技术水平上的(对于确定的技术成果)学习和吸收能力,参与人的这种能力是不对等的或不平衡的。高技术(产业)的某些特征,比如高投入、高风险、高智力以及对于经济社会发展的战略地位决定了传统模式在很大程度上是失效的。产品寿命周期的不断缩短、研究与开发的巨额成本和巨大的市场风险以及高技术产业的规模经济性同样也使得高技术传播(运用传统模式)的有效程度降到最低限度。因此,高技术传播中的"知识"维度不断向研究与开发(以及向其中的基础领域)前移就成为全球战略思维变革下的必然选择,这一结果改变了技术传播的传统运行方式,成为高技术传播的一个极其重要的特征。

适应于全球快速多变的激烈竞争环境,跨国公司在高技术领域的研究与开发越来越向全球化发展。二十世纪九十年代美、日、欧发达国家的跨国公司在高技术研究与开发领域的相互交叉投资大幅增长,在微电子、航空、新材料、生物工程、制药、机器人等行业几乎一半的跨国公司都组成了研究与开发战略联盟,其目的都是努力使用研究与开发的企业外部资源并积极创造使企业外部资源和内部资源发生协同作用的有效途径。跨国公司研究与开发在世界范围内的交叉投资是其高技术传播知识前移的一个前提条件,它构成了当代高技术的外部性特征的重要部分。

二十世纪八十年代开始,发达国家跨国公司高技术研究与开发的海外交叉投资的增长趋势引人瞩目。据美国商务部的一项调查统计,1991年在美国投资于国外科研开发的93.58亿美元中,德国占26.7%,英国占17.2%,加拿大占11.1%,法国占9.3%,日本占6.4%。德国经济研究所的统计资料显示,1994年德国在美国的跨国企业用于研究与开发的支出高达24.5亿美元,相当于德国企业在国外的全部科研经费的一半左右,并占德国全部科研经费支出的1/10。从1980年至1994年,德国跨国公司在美国的研究与开发费用支出实际上以每年将近10%的速度递增[1]。各国在高技术领域的比较优势比如科技人才资源、专业化的研究与开发水平和创新能力成为特定行业技术研发项目投资的主要动因,其目的是在更大的程度上实现技术优势要素的互补,促进科技资源在全球范围内的优化配置。例如美国跨国公司在德国主要从事汽车制造、精密机械、化工、生物工程的研究与开发,在日本则集中于电子元件、计算机和通信技术领域。德国跨国公司在美国主要致力于微电子、计算机、制药、航空航天等行业的研究与开发。值得注意的是,在跨国公司投资的国外科研部门中从事研究与开发工作的当地科研人员、管理人员大量增加,增幅大大超出在传统产业部门中的当地雇员数量。例如,美国在德国的工业企业中,将近2/3的德国雇员是在从事高技术的研究与开发工作。表8-3显示了德国高技术行业跨国公司1982—1995年非研究与开发部门和研究与开发部门国外就业人数占全部就业人数比例的增长幅度[2]。

---

[1] 德国柏林经济研究所周报,1996年4月18日,第259页。
[2] 德国柏林经济研究所周报,1996年4月18日,第454页。

表 8-3　德国海外高技术研究与开发部门当地就业人数比例的增长幅度(%)

年份	非 R&D 部门	R&D 部门
1982 年	9.6	24.1
1995 年	15.4	32.8

资料来源：德国经济研究所周报,1997 年 6 月 26 日,第 454 页。

从跨国公司研究与开发的管理特点来看,在设立海外研究与开发据点(六十年代开始)成为九十年代的一种潮流之后,跨国 R&D 联盟的发展方兴未艾。如美国波音与日本三菱重工联合研制开发 B777 宽体民用喷气客机,美国摩托罗拉与日本东芝达成协议利用双方的专有技术制造微处理器,美国 AT&T 与日本 NEC 在 1990 年达成相互交换技术的协议(其中 AT&T 提供计算机芯片技术),等等。另外,跨国企业的兼并与收购也可以看作研究与开发联盟的一种特例情形,即收购公司以某一代价买下部分或全部的研究与开发机构。典型的例子如威盛公司仅以 1.7 亿美元购买 Cyrix 的研究与发展部门,这是威盛 IC(集成电路)成为"亚洲 Intel"的一个"战略转折点"(格罗夫语)。跨国 R&D 联盟的管理本质是高度重视研究与开发系统中参与者之间的合作与学习的密切性与必要性,建立企业研究与开发的合作与学习机制,从而通过技术资源的互补与共享,大大缩短研究与开发时间,降低成本,分散风险,通过有着不同科技文化背景的研究人员的协同效应传播并创造出新思想、新技术、新产品、新生产过程,最终创造出新市场。

8.2　策略变革

在博弈论的角度上,当代高技术传播可以看作是参与人(这里是高技术行业的跨国公司)的一组策略均衡,它们与特定高技术传播的有效程度密切相关,对高技术传播的发生和运行有着重要作用。高技术传播由于二十世纪八十年代以来国际环境的重大变化,从而随着全球战略思维的变革形成新的基本策略结构。麦肯锡公司的主要国际管理咨询专家依据世界各地数百项关于成功联营共同因素的案例研究表明:"对多数全球性企业来说,完全损人利己的竞争时代已经结束。"企业日渐认识到驱动一公司与同行业其他公司竞争的传统力量"已不可能再确保赢家在这场达尔文式游戏中拥有最低成本、最佳产品或服务以及最高利润"。(布利克等,1998)[1]为了竞争必须协作,传统的"零和游戏"发展为某种共享的双赢局面——即"不是利益蛋糕如何分配,而是如何合力将利润蛋糕做得更大"。这一思维变革对高技术传播的策略基础影响深远。

8.2.1 竞争策略

在传统意义上,技术传播无疑具有对于企业技术优势的潜在威胁,这种威胁进而影响到企业的竞争优势。企业的策略均衡是如何进行技术保护或者对技术传播的速度进行控制。

"双赢"战略游戏拓展了高技术传播的基本策略结构,但是,战略伙伴组合之间的策略基础依然是"你死我活"式的竞争策略,战略伙伴内部也或多或少存在这样的竞争性关系。正如弗拉的密·泊席克引用 Doz 的论点时所说:"从竞争战略转向合作战略的变化,通常是仅仅针对特定市场条件的战术调整。这种竞争对手间世界性合作的迅速增加,并不必然隐含全球经济新的合作时代的开始。许多此类新的伙伴关系应被看作为市场竞争的隐性替代,而不是消解。"(麦耶斯,1998)关于高技术传播的竞争策略,迈克尔·波特在《竞争优势》中的有关论述可以看作是权威的系统分析(波特,1997)[170-207]。

波特把技术与产业竞争优势的相互联系以及基于企业价值链和价值活动的广义技术观的确立作为企业技术战略的分析基础。他认为在所有能够改变竞争规则的因素中,技术变革属于最显著的一种因素。企业的技术战略由于技术对价值链存在的普遍影响以及对产业结构和竞争优势的影响能力,因而成为企业整体竞争战略的基本组成部分。波特指出在技术传播方面:企业"颁发技术许可证,这是与其它企业联合的一种形式。""如果技术是竞争优势的来源,企业就必须把许可其他企业使用此技术看作是冒险的行为……许可证费很少能高到足以弥补竞争优势的丧失。"波特认为当企业作为技术领先者时,领导者技术的传播速度是决定技术领先持久性的一个重要因素。技术传播的速度部分是所处产业固有的,部分是由企业控制的。技术领导者应当采取进取姿态,努力减缓技术的传播:在一切可能处申请专利,并且始终如一地向侵权者发难以保护这些专利,并把与局外人的所有联系——甚至包括与买方的联系,都看成对其专有技术决窍的威胁。技术领导者为了保护技术,常常采取纵向整合,自行建造和改造设备,而且远离公开披露技术的场所。

作为与其他企业联合的一种形式,波特认为企业颁发许可证在战略上的可能性是:①无力利用技术。企业可能因缺乏资源或技能以确立可持续的地位,或者竞争对手地位牢固不会放弃市场位势,或者企业正从有关的业务单元获取利益而无力利用技术。比如标准商标公司(Standard Brands)就是由于缺乏将其创新商业化的能力而就其高浓度左旋玉米糖浆技术大量颁发许可证。②发掘不可得市场。③迅速标准化技术。颁发许可证可以加速产业按企业技术标准化的过程。④糟糕的产业结构。产业结构不具有吸引力时,企业收取许可证费要比向不能产生高收益的市场投资要有利得多。⑤创造好竞争对手。好竞争对手可以在刺激需求,扼制进入和分担开拓成本方面发挥重要作用。例如,马格纳沃克斯公司(Magnavox)对其电子游戏专利的广泛许可证转让,是由于可以鼓励竞争对手引进系列广泛的产品从而更快地扩大市场。⑥互颁许可证。企业颁发许可证以换取其他企业的技术许可。

从上述波特对企业技术许可战略可能性的基本分析可以看到,无论是发掘市场、标准化技术或者创造好竞争对手,实际上都是协作型竞争的潜在形式,这种潜在形式的不断发展可能带来的变化是:竞争中的交易关系越来越由伙伴关系来取代。

8.2.2　协作型竞争策略

如果说竞争策略中的交易关系由于其单方利益考虑、清晰的交易关系角色、主要是短期或一次性行为这些主要特点体现的是传统的游戏规则或者是传统竞争理论的分析框架,那么伙伴关系则由于强调企业间的相互贡献机会和远景目标从而具有本质上的不同。协作型竞争这一思想是强调竞争前提下的成功协作关系,其构成因素是共同宗旨、沟通与和谐关系。在成功的协作关系中,交易关系角色开始变得模糊,而企业的短期、中期、长期的共同利益目标以及合作双方对目标的贡献,才是最重要的。国际研究与顾问公司荷士卫机构尼克·瑞克曼(N. Rackham)等人认为:"贡献、亲密和远景是构成成功伙伴关系的三个共同因素。贡献用以描述伙伴间能够创造具体有效的成果,它是成功伙伴关系'存在的理由',它提高了生产能力和附加价值。亲密表明成功的伙伴关系超越了旧式的买方-卖方模式从而超越了交易关系而达到相当程度的紧密度。远景即对伙伴关系的目标及其实现方式有生动想象。"(瑞克曼,1998)

随协作型竞争思维而来的是跨国战略联盟的大量兴起和迅速发展,资本、市场机会、技能和技术、信息和知识开始在世界范围内大规模流动,这种情况在高技术产业尤其普遍。高技术产业的规模经济性、高度的技术依赖性、高技术研究与开发的巨大投入和不确定性以及随世界经济的全球一体化而来的开放市场和更加激烈的国际竞争环境,使得传统的竞争战略已经不能确保企业在成本、技术和市场等方面的战略目标上获得成功。相反,长期势均力敌的竞争结果已经使财力、智力衰竭从而难以成功地应付下一轮的竞争和创新。成功的协作关系却是战略上保证挤入新市场、获得技术或产品、分担固定成本和风险的适当途径。例如由于飞机或航天工业的不确定性,即使对最大的飞机制造商波音公司而言,一种新产品(比如飞机发动机的硅酸盐材料技术)的开发所需的财务资源也往往超过了整个公司股本基础的承受能力。航天工业中,企业宁可在只拥有 10% 股权的项目中利用自己的生产能力,而不愿在一个自己拥有全部股权的项目中进行开发。这是由于一个计划或项目的失误,也往往引起企业的财务毁灭。为了应付技术依赖性、研究与开发成本和规模经济性,IBM 利用了一系列成功的协作关系,在存储器业务方面,建立了研究开发联营,将其作为塞尔特克公司的一部分;在数据网络和通讯领域,建立了包括与西门子公司的合作。在电信业,由于所需预付的研究开发再投资规模巨大,比如每一代新交换机所需的研究开发投资在 10 亿到 20 亿美元,按每条线路 150 美元的价格计算,盈亏平衡点在 300 万至 400 万条线路的年销售量,协作关系的成功运用已经显得至关重要。

  高技术产业成功协作关系的建立拓展了跨国公司高技术传播的基本策略结构,并且改变了高技术传播的基本概念和过程性质。竞争压力由于成功协作关系的存在而转化为高技术的传播压力,并成为高技术发展不可缺乏的重要力量,推动着世界经济走向知识经济的道路。成功的协作关系首先大大提高了高技术传播发生的可能性:高技术行业跨国公司在资本、市场、技术之间广泛而且多样的互利协作,在研究与开发方面的国际联合,在高技术核心能力方面的合作与创造,推动着高技术传播向更大范围和更高层次的发展。其次,成功的协作关系改变了技术传播的时空结构,使得高技术传播的时空一致性成为可能和必要。这是由于高技术传播过程模型的一体性和实时性要求有可能更好地得到满足,同时也提出了高技术传播参与人的对等性要求,这使得比如"引进、消化、吸收、创新"的技术进步期望模式在很大程度上会失效,"滞后性"前提下的高技术有效传播已经转变为不可能的或低效的,对于高技术竞争能力的提高来说,把高技术传播的内部过程模型引导到主导地位上是必然趋势下的适当选择。再次,竞争前提下成功协作关系所带来高技术传播压力的存在产生的更具深远意义的影响是,如同人类基本生存方式的传播活动一样,高技术传播正成为积极的自组织活动,它的未来是向着有序的方向发展的。

8.3 主导机制

跨国公司的全球战略正日益以协作而非单纯的竞争为依据,这一战略思维的变革正改变着全球竞争的结构。麦肯锡公司的调查研究表明,在电子、制药、计算机和航天等高技术产业,行业领先公司之间的某种形式的高技术联营保持着高增长率,成为像IBM、惠普、德州仪器等大型公司的战略选择。这些战略联营的实质是跨国公司的战略思维由传统竞争转向协作型竞争。伙伴关系、协作能力现在成为跨国经营成功的最佳标准。高技术传播深受这些战略变革的影响,在某种意义上,八九十年代以来跨国公司在高技术产业大量战略联盟的存在和不断发展同时也刻划出了高技术传播的大致路径。在看似混乱和无序的跨国战略联盟中,存在着由单纯技术许可,资本、市场机会、技术(技能)的套利互换到技术资源与技术核心能力转换扩展的高技术传播复杂层次结构的动态发展链。全球高技术产业协作网络的形成与发展一方面可能产生高技术传播的"特洛伊木马"现象,另一方面在更高层次和更大范围内影响着高技术传播的发生和运行程序,改变着高技术传播的形态特质。

8.3.1 可传播性

跨国公司间的战略联盟对于高技术传播的重要性是它所提供的可能性和动态发展,这些特质是在传统竞争框架下难以想象的。高技术传播的发生及其有效传播程度与战略联盟的(高技术)可传播性以及特定环境条件下战略联盟的具体方式有关,在种种复杂多变的、高度灵活性的战略联盟中,高技术传播的机理可能是相当错综复杂的,因而一概而论的论点可能是欠妥当的。由于研究者分析角度的不同,战略联盟本身有着五花八门的定义描述和划分标准。根据可传播性标准,战略联盟可以分为产品联盟与知识联盟两大类,大多数现实的战略联盟介于这两者之间。

约瑟夫·巴德拉克(1998)以战略联盟是否有助于参与者学习、创造新的交叉知识和核心能力这一先决条件区分了产品联盟与知识联盟。在某种意义上,知识联盟可以认为是具有更高程度"可传播性"的战略联盟。所谓战略联盟的(高技术)可传播性,是指可使高技术传播的参与人、知识、空间和时间三个维度处于有效传播的最适状态。参与人真正意义上的伙伴关系可使知识(信息)交互共享与协同创造的时空过程(外部以及内部)保持一致性,因而最大程度上保证了有效传播的双向性与循环性,并且使传播的时空过程由点到点向点到空间不断扩展。换一个说法,可传播性是高技术有效传播的一种期望状态。战略联盟发展到高级阶段,使知识联盟具有了一定程度的可传播性特征。

知识联盟是联盟发展链的较高级,同它们的最初原型(产品联盟)一样,用于生产产品或服务,同时它们也有助于降低风险、削减成本、提高市场开发速度等,但是,知识联盟在发展新产品的同时,参与者致力于学习或创造新的能力,并从战略上更新核心能力或创建新的核心能力。约瑟夫·巴德拉克总结了知识联盟的四个基本特征。第一,学习和创造知识是联盟的中心目标。知识联盟有助于公司间专业能力的学习以及使专业能力相结合创造新的交叉知识。第二,知识联盟比产品联盟更紧密。公司间为学习、创造和加强专业能力而在一起紧密地工作。第三,知识联盟的参与者范围极其广泛。产品联盟通常是与竞争者或潜在的竞争者形成的。而知识联盟能够和任何其他组织相互形成,只要这个组织拥有有益于参与者的专业能力。比如公共研究机构、大学实验室等。第四,知识联盟比产品联盟具有更大的战略潜能。产品联盟可以帮助公司抓住时机,通过世界其他伙伴快速、大量地卖掉产品,收回投资。知识联盟可以帮助一个公司扩展和改善它的基本能力,有助于更新核心能力或创建新的核心能力。

GM 的知识联盟是二点间(高技术)可传播性的一个例子。1982 年,GM 与日本自动控制与机器人公司(Fanuc Robotics Corporation)各投资 5 000 万美元成立了 GMF,它的目标是工厂自动化机器人的设计、市场开发、服务和开发应用。技术由 GMF 的母公司提供(不需要许可证)。GMF 希望研制具备感觉功能的机器人,这种机器人能够利用电视摄像机、激光束或敏感探针来测定物体的位置。Fanuc 的 Sieuemon Inaba 博士在 1955 年曾经领导了开发工厂自动化装置的由 500 个工程师组成的项目小组,并在计算机数字化控制领域占据了世界领先地位。GM 则除了占据美国机器人市场容量的 1/3 以外,拥有机器人技术一定的专业知识例如具有视觉功能的智能机器人、能够在工厂地面和办公室里行走的机器人、与 CAD/CAM 系统连接的机器人。由 Fanuc、GMF 和 GM 组成的工程师小组，指挥项目小组，一些项目主要研究硬件，发展更小、更经济、更专业化的元件；另外一些项目集中于程序和界面语言的开发，其中最重要的是可以将 GMF 机器人、视觉系统以及其他设备与 GMF 或非 GMF 产品连接的 Karel 程序语言的开发。来自双方公司的研究者和工程师每天在一起工作，彼此学习双方自创的技术和专长，以此加强自身的能力和伙伴的能力。

IBM 的知识联盟则发展了点到空间的(高技术及知识)可传播性。IBM 在二十世纪八十年代所创建的一系列战略联盟不是简单的产品联盟，仅仅填补产品系列的空白或是降低固定成本，而是通过知识联盟，致力于加强伙伴关系，共同创造新的能力，从主机供应商向国际计算机和远程通讯公司转变。例如在远程通信上，IBM 日本公司建立了一系列与 NTT 的合作关系，共同合作开发大规模计算机网络的硬件、软件和大规模计算机网络的结构性能。IBM 日本公司与三菱建立联盟，在日本创办了通信卫星服务，并且设计、销售信息网络服务设备。八十年代，IBM 与世界专用交换机(PBXs,实际上由计算机控制电话呼叫和数据)的主要制造商罗姆公司形成联盟。八十年代后期，IBM 美国公司以少数股权投资方式，创建了许多联盟，这些公司在软件设计的特殊领域都具备专长，它们包括分子模拟、图像处理、保险公司事务、商业项目管理以及微软开发所使用的软件。其他新的伙伴包括例如与光导纤维通讯信号转换器的制造商的合作、与世界超级计算机设计者斯蒂芬·陈(Stephen Chen)的合作、同美国半导体制造商的国际财团的合作、同摩托罗拉进行研发(R&D)合作发展半导体制造技术等。

8.3.2 主导机理

在高技术领域复杂多变和高度灵活性的战略联盟形式中存在着若干种跨国公司高技术传播的主导机理,其有效传播程度除了与联盟的可传播性有关外,还与特定的联盟形式有关。高技术联营可以包括单纯许可协议、生产型联营、销售型联营或研究与开发型联营以及混合型。不同类型联营的高技术传播机理是：单纯技术交换,资本、市场机会与技术(技能)的套利互换,技术知识(信息)的交互创造和技术能力的转换扩展。

(1) 单纯交换

单纯技术交换主要发生于战略联盟中的技术许可协议。技术许可原是指技术转让方通过签订许可证合同,将某项工业产权或专有技术的使用权及相关产品的制造、销售权有偿地转让给技术受让方的一种交易。它也是传统的国际技术转移中普遍使用的一种方法。但在高技术产业,由于种种因素的存在,企业或者把高技术的研究开发成果作为交叉许可的条件,以通过技术交换获取所需要的其他企业的高技术研究成果,或者把它作为参与其他战略联盟形式的筹码。就单纯技术交换来说,交叉许可协定是高技术领域的一种成为普遍趋势的双赢策略。

所谓交叉许可(Cross Licensing),又称互授技术许可证,是指跨国公司间专利权的相互许可。与单向许可通常所涉及的成熟技术不同,交叉许可往往是特定技术领域内的领先技术。在高技术产业内,交叉许可主要指知识产权的组合许可,而不是单个专利的相互许可。组合许可专利的内部价值体现为产品的科技和市场领先程度,而外部价值首先体现为交叉许可价值而不是专利使用费的价值,通过交换提高专利价值现在已成为高技术产业跨国公司的一个基本共识。交叉许可的发生除了出于竞争原因以外,主要与高技术领域的技术依赖性、技术寿命周期的缩短、研究与开发的巨大投资规模和成本有关,也可能是跨国公司间通过技术交叉许可以保证公司自由设计和自由操作能力的企图,即不至于在研究与开发中冒专利侵权的风险。(陈志昂等,1998)此外,在高技术产业中普遍采用的专利组合交叉许可也是降低传统技术许可证贸易中交易费用的一个有效途径。

(2) 套利互换

资本、市场机会、技术(技能)之间的套利互换这一高技术传播机理在生产型、销售型以及它们的混合型(包括研究与开发型联营,前提是它主要是某种产品联盟)的种种高技术联营中都是有可能的。所谓"套利",是指高技术联营这一全球互利活动具有与资本市场上的套利活动相同的机制:利用突发事件、非理性差价、市场的低效率,以及各公司的有利条件来达到套利的目的。实际上,它是跨国活动中通过战略性的协议安排以资本、市场、技术作为筹码的互利交换。协议安排中的谈判能力往往对高技术传播有重大的影响。以日本东芝公司为例,主要以其先进的制造能力与本行业中大多数知名企业所建立的一系列生产合作关系使东芝公司广泛掌握了数字电子时代最重要最有希望的先进技术,并使它具备了强大的核心能力。它与 AT&T 合作生产电信设备,与 PVISA 国际公司合作生产信用卡,1990 年与摩托罗拉公司签订技术分享协议共同制造 4 兆位存储芯片,与西门子公司合作开发生产 RISC 微处理器,与卡明斯公司合作生产陶瓷元件,1991 年与通用电气公司建立合资企业,协议涉及合作开发先进的核动力反应堆,等等。

麦肯锡公司的研究指出,日本公司和环太平洋地区公司愿意以资金及进入其市场的机会,来交换制造技能、研究开发或技术。美国公司一般愿意以技能交换资金。欧洲公司则愿意以进入其迅猛发展的市场的机会,来交换资金和技术。但是,高技术联营的套利活动并不能简单地等同于高技术传播的"套利"机理,这是高技术传播套利互换这一机理的精要所在。从某种意义上来说,高技术传播的套利互换机理是"协议比关系更重要"这类战略联盟所特有的。这种情形在生产型联营、销售型联营、研究与开发型联营(产品联盟)及其混合型联营的种种战略联盟中仍然是相当普遍的。资本、市场机会与技术(或技能)是作为战略联盟的"筹码"而存在的,随着联盟的运行发展,筹码的平衡能力有可能失去。普拉哈德对七项美国战略联盟案例的深入研究发现,"有些美国公司完全忽略了合作中的竞争因素,过于草率地把核心技术和独特技能让给了合伙人,结果使自己的竞争能力下降"。因此,知识产权和专有技术在运转的联营中被看作是一个棘手的领域,成功的联盟往往利用了不同的"结构策略"来应付这一"高技术传播问题"。比如,通用电气公司为保护专门知识不被法国国营飞机发动机研制公司获得,对高增值发动机核心部件的生产实行了组装部件化。同样,波音公司在与三菱、富士、川崎和意大利飞机公司的联营中,保留了对关键部件的总体设计和组装控制。此外,在研究与开发型联营中也存在着像"边界巡逻队"(监督研究成果的归属权)或"公司边界"(部分开放)(亨茨勒,1998)等复杂的保护规则。

因此,跨国公司的"套利互换"作为高技术在一定程度和层次上的"可传播性"机理的基本作用是它所提供的未来可能性和发展性,即它所打下的高技术有效传播的支持系统基础,这种支持系统在生产型联盟中表现为它所提供的高技术的生产、设备基础,在销售型联盟中表现为它所提供的市场能力与市场开发基础,而在研究与开发型联盟中则表现为它所提供的高技术研究与开发的系统资源的复杂配置。而事实上,由于高技术的发展特点是高技术企业(或产业)研究与开发、生产、市场的一体化过程,没有这种支持系统基础的提供,高技术传播的交互共享、协同创造机理也将是不可能发生或长期维持的。

(3) 交互创造

美国学者哈梅尔和普拉哈拉德(1998)指出,核心能力是"一组技能和技术的集合体""是对各种技术学习心得的总和、各个组织知识的总和"。换句话来说,核心能力是与价值链中具体活动有关的一组知识和技能,是企业发展独特技术、开发生产独特产品和发挥独特市场潜力的专长集合,与非核心专长相比,它是"靠人运作"的。在某些研究与开发型以及混合型的战略联盟(知识联盟)中,有可能产生高技术传播的交互创造机理,联盟成员之间在技术资源共享的基础上,通过双向的交互学习过程,协同创造新的知识、新的核心能力,其中真正意义上长期的伙伴关系的建立使通过"合作优势"(坎特)的创造共同提高竞争优势成为可能。因此可以说,高技术传播的交互创造机理是能够使"关系比协议更重要"这样的战略联盟所特有的。在 GM 与 Fanuc 所建立的 GMF,以及 IBM 所建立的众多知识联盟两个案例中,正是高技术传播的交互创造机理发挥着重要的作用,其最终结果是企业在核心技术能力上获得了通常的机理所不可能的创造性成果。

高技术传播的知识(技术与技能)交互共享、协同创造机理是套利互换机制的一个必然延伸,也是高技术传播发展链的更高级层次。如果说套利互换主要体现为"资金换技术"或者"市场换技术",那么交互创造则几乎一定体现为"技术换技术"。这里技术换技术的含义显然并非指"技术许可证交换"或仅仅是双方获得了经过交换的某种技术,而是高技术作为一种综合的知识领域,它的传播运行开始由外部过程转入内部过程,或者说,作为高技术传播核心过程的内部过程模型正成为一个主导过程模型。高技术传播双向的和循环的积极活动使它本身成为一种协同的创造过程,这一过程同时也使高技术传播成为积极有效的组织学习过程。双方或多方之间"传递式"或"无声的"交流能力(迪森,1996)[53]更新和创造着企业的合作优势。这种"交流"能力的各种知识获得是通过它们自身积极地参与研究与开发过程、生产协作过程、市场销售过程,通过与不同公司以及众多公司外部机构(如大学研究机构、政府研究与开发机构等)的科学家、工程师、各级管理层的合作学习,通过识别、吸收和利用他人特长的能力而实现的。这种更大范围内的"知识联盟"的建立往往产生"杠杆效应",使新的网络组织共享知识、信息和研究与开发能力,或者获得补充性知识、分享个人经验、受益于在通常组织环境下难以得到的知识和想法。同时,与其他公司或机构的密切接触对公司思维与行为方式往往产生革命性的效果:它改变着现有的思维模式。

8.4 对策选择

跨国公司高技术协作网络的传播压力究竟应当在怎样的程度上加以认识?世界知名跨国公司自 1992 年以来的进入我国会产生怎样的机会与风险?我国企业参与世界高技术传播网络的可能性机理是什么?高技术传播对于我国企业的高技术核心能力究竟能起到怎样的作用?由于这些问题的存在,有必要重新评估并作出适当选择:①高技术领域跨国联盟的大量增长以及自 1992 年以来的跨国公司"进入中国"(特别是作为其投资成熟化和系统化的研究与开发投资进入中国)对我国高技术传播的影响;②我国的高技术传播资源及其配置现状;③如何实行我国高技术传播的战略调整以走出"引进——落后——再引进"的恶性循环。

全球多数跨国公司自 1992 年开始进入我国(并成为我国外国直接投资的一个转折点),据统计,到 1997 年全球最大的 500 家跨国公司中已有一半以上进入中国,其显著的进入特征是许多大型跨国公司的投资重点正由制造向研究与开发、培训、分销等知识型服务领域延伸,这一情形在高技术产业中尤其明显。据长城企业战略研究所的调研结果(长城企业战略研究所,1998),跨国公司在华研发投资主要通过三种基本方式:①独立的研究与开发机构是最成熟、最集中、最高级的形式之一,它是跨国公司全球研究与发展网络的一部分,其主要任务是研究公司长期发展所需的关键技术;②跨国公司在中国建立的合资企业或独资企业内部的研究与开发部门;③与中国大学、科研机构合作成立研究中心、实验室。值得注意的是,跨国公司在建立独资研究中心之后,并未缩减其他形式的研发投资,反而通过对它们的统一管理,进一步扩大和加强投资力度。例如,IBM研究中心建立之后,多次与清华大学、原电子部等单位进行研发项目合作;SUN成立技术开发中心以后,又与中软英特信息技术公司联合建立JAVA应用研究开发基地。跨国公司在中国的研究机构的另一个重要特征是地域分布与在华企业的地域分布不同,主要集中在北京和上海或设立在大学地区和科技园区,这是跨国公司出于寻求短缺的研发资源和良好的研发环境的战略选择。

  跨国公司在中国的研究与发展投资会对我国高技术产业产生怎样的影响?一般认为,由于其明显的外部性效应,我国企业可以利用"示范"效应以及研究与开发中的"知识溢出",通过加速学习和模仿过程来缩短与世界先进技术水平的差距。然而,"示范"效应和"知识溢出"对于我国企业的高技术竞争能力来说,往往是一个"滞后的"缓慢过程(迪森,1996)[51]。其次,当我国有限的科技资源(比如大学、科研机构的研发资源)并不能转化为我国高技术产业的传播资源,那么高技术产业的有效传播"门槛"将会升高,这意味着我国高技术产业通过高技术传播的机理转换并实现高技术传播升级的难度相对增加,其结果是难以避免陷入"追赶陷阱"。如何把风险转化为有效利用由跨国公司研发投资所带来的高技术有效传播的可能性空间扩展这一难得的机会,通过创造"双赢"的战略通道,把高技术传播变为高技术资源和能力"合作优势"的有效手段,最终提高我国高技术企业的核心竞争能力,潜在的可能性来自于我国高技术企业的两种基本能力,即如何从有限的研究与开发资源中寻求突破以及寻求有效配置我国高技术传播资源的解决途径。

但是,我国高技术传播战略路径的选择问题尚未进入一个真正的明确的议事日程,把我国有限的高技术传播资源转化为这种核心能力的竞争优势还有很长的路要走。高技术传播资源可以包括科技资源、市场资源、企业家资源等,其中成为我国企业高技术传播资源主要瓶颈的是科技资源尤其是研究与开发资源的短缺及其配置上的结构失衡或倒置,有关的高技术传播路径只能处于"市场换技术"的战略层次,从长远来看,这一路径选择的战略风险不容忽视。

经验和理论证明,"市场换技术"的战略路径虽然有益于建立高技术传播的技术支撑系统,在高技术产业的某些发展阶段,它可能是必要的甚至是必需的,但并不能达到高技术企业竞争未来的期望效用,因为它对于企业的核心技术能力的作用是有限的。我国高技术产业一方面面临的是世界高技术协作网络的传播压力,另一方面,我国有限的集中于政府或大学研究开发机构的研究与发展资源正同时成为这种传播网络的一部分,双重压力下的战略选择应当是什么呢?要求政策的保护,限制公共机构参与世界科技的合作网络只能阻碍我国总体科技水平的提高,从而失去我国在高技术传播中某种"正循环"产生的可能性。适当的战略选择只能是基于技术"重点突破"的传播策略:即积极跟踪世界高技术的发展动向和主流趋势,并在某些有一定优势和他人相对薄弱的领域力争有所突破,以"技术换技术"战略参与世界高技术传播网络,通过分享世界高技术研究与发展资源以及与世界同步的协同创造,谋求更大的突破,从而发展企业的高技术核心能力,提高高技术产业的竞争优势。其中,"重点突破"项目的基本标准,必须掌握相互关联、缺一不可的三个基本条件:第一,巨大的社会影响——必须是对国民经济建设和高技术发展有举足轻重影响的技术问题,它既是国际上正在兴起的有前途、有生命力的技术项目,又是高技术群中的关键技术。第二,广阔的发展前途——必须符合高技术发展的主流趋势,又是处在高技术发展的前沿领域。第三,良好的基础条件——必须是高技术企业具有一定优势基础的项目。需要注意的是,作为高技术传播策略的"重点突破"必须首先集中并且有效配置我国现有各个领域具有优势的研究与发展资源,并且尽可能在项目的早期阶段把国内的高技术传播与国际的高技术传播过程集成起来。

8.5　本章小结

跨国公司向来以技术、知识的创造者和传播者而著称。二十世纪八十年代以来,三个相互关联并相互作用、迅速发展的趋势更使得跨国公司高技术传播的重要性不断增强。第一,跨国公司正成为全球一体化的世界经济推动者和组织者。第二,跨国公司的发展是由于在建立所有权特有的竞争优势中强调了技术的重要性。第三,高技术产业跨国公司的竞争优势的获得在很大程度上与它们在全球范围内建立的合作网络有关,这一合作网络与高技术传播相互影响、相互增强,正推动着世界经济的知识化趋势。

作为对全球快速变化的竞争环境的反应,全球性的跨国合作不但改变了传统的合作方式,而且也深刻改变了传统技术传播的发生与运行方式,这突出地表现在当今高技术传播中的两个最基本特征上:战略驱动以及研究与发展协同。"战略驱动式"已经成为高技术传播的一种主导方式,同时研究与发展的大量跨国协作也正不断改变着高技术传播的运行方式,它使高技术传播以其特有的"知识前移"形式出现成为可能。

从这两个特征出发,适当地识别当代高技术传播可能带来的机会与风险,需要对高技术传播的基本策略结构的变革状态以及高技术传播主导机制的复杂性内涵具有深刻的认识。值得注意的是,跨国战略联盟中的战略思维的变革并不必然意味着它在高技术传播中完成了由传统竞争策略向协作竞争型策略的转变,这种转变的程度在一定意义上与成功的伙伴关系的建立有关,换个说法是,与联盟中策略均衡的可传播性有关。与此同时,更不能忽视全球战略思维变革对高技术传播动态发展的影响,这一发展的趋向是:由成功的伙伴关系所建立的高技术传播战略通道正开始通过创造双方或网络的交叉知识,开发着现代高技术企业的核心专长。对于这一网络之外的其他高技术企业来说,它们开始面临前所未有的传播压力,与传统技术传播的"梯度原理"或"位势原理"不同,现在高技术传播的基本原理可以称之为"并行原理"或"平行原理",它要求参与人在知识维度上具有平衡或平等地位或能力。不具备足够这样地位或能力的参与人将更加无法避免"追赶陷阱"。

分析不断发展、快速变化的跨国联盟中的高技术传播现象(它们占据着当今高技术传播的主导地位)值得注意的要点是:①对战略联盟概念作广义的解释;②对这样的战略联盟作多角度的分析透视;③分析并预测高技术传播的层次结构与动态发展趋势;④理清并归纳现实的高技术传播的主导机制;⑤重视不同的高技术传播主导机制的系统性特征和复杂性特征。本章所分析的三种高技术传播的主导机制(单纯交换、套利互换和交互创造)是以复杂性结构联系在一起的,对于特定的高技术企业,对于这些企业的特定发展阶段,它们具有不同的作用——它有可能使企业发现快速成长的机会,也可能使企业的发展承担更大的风险,这在很大程度上取决于每个企业在现代经济中的博弈能力以及它们的高技术传播能力。但是,有效传播的本质指向表明,"竞争未来"是它的必然选择,这一趋向已越来越明显。因此,当今高技术传播压力的解决途径或者通过高技术传播发现提高高技术核心能力与竞争优势的潜在加速机制需要人们"未来观照"的战略远见,同时也需要人们更加务实地重新审视当下的现实,并由此形成相应的高技术传播问题意识。

附　录

附表1　1990—1995年韩国三星电子公司的主要战略联盟

联盟形式	合作伙伴	日期	合作范围与产品
合作生产	DNS公司（日本）	1992.12	合作开发和生产半导体生产设备
	POSCO & MEMC公司（韩国、美国）	1993.3	在韩国建立硅片生产厂
	TOW & Hanyang precision公司（日本、韩国）	1993.11	合资生产半导体加工设备
	德州仪器公司（美国）	1994.8	在葡萄牙的TI工厂生产半导体产品
	NEC（日本）	1995.2	合作生产半导体销售欧洲市场
	Toray公司（日本）	1995.5	在韩国建立TAB半导体生产厂
	Crosna公司（俄罗斯）	1995.5	合资生产通信设备
技术合作	惠普公司（美国）	1990.8	合作开发与销售RISC工作站
	东芝公司（日本）	1992.1 1995.1	在闪光灯记忆领域进行技术合作联合开发集成电路
	IBM公司（美国）	1993.1	联合开发与销售台式电脑
	OKI公司（日本）	1993.2	转让同步动态存储器技术
	三菱公司（日本）	1993.7	在高速缓冲动态存储器领域进行技术合作
	Qualcomm公司（美国）	1993.8	在（数字）cellular系统方面进行技术合作
	Micron Technology公司（美国）	1993.11	合作开发下一代记忆装置
	AT&T公司（美国）	1993.12	联合开发笔记本式和笔式电脑

(续表)

联盟形式	合作伙伴	日期	合作范围与产品
技术合作	通用仪器公司(美国)	1994.1 1995.6	联合开发与销售高清晰度电视机 联合开发双模可视 decorden 电路
	USA Video(美国)	1994.3	联合开发与销售 Set-top-boxes
	ARM 公司(英国)	1994.5	合作开发 3-bit RISC 微型计算机
	ISD 公司(美国)	1994.9	合作开发多层存储声响处理 IC
	Dancall 公司(丹麦)	1995.1	联合开发 DCS1800/GSM 移动电话系统
	Hales Design Group(美国)	1995.1	联合开发与销售扬声器
	富士通公司(日本)	1995.4	签订关于研制下一代 TFT LCD 尖端技术合作协议
	摩托罗拉公司(美国)	1995.5	签订关于共同设计芯片发展系统和 PDA 应用软件的合作协议
	Weitek 公司(美国)	1995.7	合作开发多媒体集成电路

资料来源:《三星电子公司简介》。

9 案例分析:"小"企业创业的典范

9.1 北大方正:以领先技术起家

"北大方正"的前身是北京大学创办的校办公司——北大新技术公司,从 40 万元起家,经过十多年的发展,1998 年初北大新技术公司更名为北大方正,成为一家在国内外拥有 35 家全资子公司的大型集团化企业——北大方正集团。北大方正的定位是一家高科技企业,它始终把科研开发和技术创新放在首位。它的引发了印刷业"第二次革命"的激光照排技术处于世界领先地位,其市场占有率在国内报社中超过 80%,在印刷业中占 90% 以上,企业因此成为全球中文电子出版系统最大的开发商和供应商,国内优先扶持的 5 家个人电脑企业之一,入围国家 120 家大型试点企业集团,被选为全国首批 6 家技术创新试点企业,成为中国冲击世界 500 强的一支主力军。

9.1.1 新时代的毕昇

毕昇发明了活字印刷术,使人类文明步入了一个新时代。北大教授王选发明汉字激光照排系统使印刷业告别了"铅与火",实现了"光与电"。

一项新技术的开发并非短时间内所能完成,往往需要相当长的时间,在这段时间内,技术与市场也会不断发生新的变化。因此,王选在研究汉字激光照排系统时就清醒地认识到,技术创新一定要高起点,不仅考虑现在,同时要考虑将来,使创新保持超前性。当日本还流行精密机械照排机、欧美流行阴极射线管照排机时,他便将目标瞄在了世界最先进的第四代机——电子激光照排机,使中国成了世界上唯一一个没有经过第二、三代机,一步到位用上第四代印刷机的国家。

20世纪70年代中期,王选根据我国汉字的特点,采用"揭示信息"的方法,对字型进行参数描述,跳过日本、欧美流行的第二、三代照排机,经过近14年的研究,终于研制出第四代激光扫描输出照排机。

回溯创造辉煌的艰难历程,最令王选教授难以忘怀和最感欣慰的是他的两次选择。一是促成汉字激光照排机的商品化、产业化,缔造了中文出版领域的"巨无霸"北大方正。1979年,汉字激光照排机研制成功,但王选并没有感到喜悦,他说:"国家给汉字激光照排机投资上千万,成果变不成钱,我们就欠了国家的债。"他看到美国麻省理工学院把学术成果同追求利润相结合,在这种思想的主导下,1985年,汉字激光照排机投入商业性生产,并于1988年组建了北大方正的前身——北大新技术公司。二是为方正事业的未来培养了一大批年轻人,使他们成为学术带头人。在方正600多名中层干部里,年轻人占了大多数,他们为方正注入了新活力,也决定着方正的未来。王选的科研成果使他成为"新时代的毕昇",从而引发了中文出版业的技术革命,也造就了北大方正的事业。

9.1.2 技术领先的创新之道

如果说在工业时代,一项新技术的出现到应用需要经过几年或几个月的话,那么在知识经济时代,一项新技术从实验室获得成功到应用于生产,可能只需要几天,甚至几个小时的时间。因此,作为一家高科技企业,要想在市场上保持竞争的优势,必须始终把研究开发新技术放在首位。

1998年,北大方正起步于激光照排系统,它成功的根本原因便是技术上的绝对领先。1989年,在北大方正的激光照排系统领导市场潮流的时候,他们就已经开始着手进行新技术的研究和新产品的开发了。1990年,他们完成了报社印刷厂集录入、组版、发排、动态打印、新华社电信稿接收为一体的网络管理系统。1991—1992年,方正采用页面描述语言BDPDL,实现了报纸远程传版,使我国报纸版面传输的信息量减少到通常传真的1/50,通过卫星技术,大大缩短了报纸的传输时间,并且推出了高档彩色照排,首次实现了彩色图片和中文的合一处理,而且速度世界第一。之后,方正集团又围绕新闻出版任务推出了报社综合业务网络系统,包括集管理、记账、排版和自动成页于一体的分类广告处理系统,以及使记者告别纸笔的采访管理系统。正当激光照排在国内外流行之际,方正又推出93电子出版系统,使其技术又一次领先。北大方正的电子出版系统从专业版到普及版,从出版业到家庭用户,已形成完整体系,并在占领中文市场的同时涉足东方语种市场。

在北大方正不断创新、不断发展的过程中,方正人一直遵循着"人无我有,人有我先,人先我变"的创新之路。在电子出版这个竞争异常激烈的领域,北大方正依然保持着技术上的领先地位,占领着电子出版系统的市场。1997年,方正的拳头产品飞腾(FIT)日文排版软件在日本推出,到1998年底,在日本市场的销售额已经超过300万美元。方正新的研究成果,第七代栅格图像处理器(激光照排系统中的关键硬件)"方正世纪RIP"已经出口到许多国家和地区,在输出速度、标准化、先进性、兼容性和开放性等多项综合指标上达到国际领先水平。

在围绕主业不断向纵深发展的同时,北大方正开始横向创新,冲击出版领域,由此从单一的电子出版系统向计算机信息产业发展,力争以多元化的发展使方正走向世界。

1997年,北大方正推出动画制作软件"方正开蒙"和"文友办公系统",准备和微软办公系统一决高下。这套软件包括文字处理、电子表格、展示系统等。

1997年,方正还推出一个重要产品,方正数字化电视节目制作管理系统。由于视频信号数字化和视频制作数字化是国际电视广播技术发展的必然趋势,因此,方正在此方面进行技术创新是适应市场的需要。

由北大方正技术研究院历时三年完成的新一代"奥思多媒体创造工具"2.1版本也很快发布。通过电脑,将影像、声音、动画、图像及文字栩栩如生地展现在我们面前。方正奥思'98除继续秉承原版本无需编程、易学易用等优点外,在两个方面取得了重大的进展:一是无需专业工具就可实现动态三维效果;二是可直接输出(HTML)动态网页;此外,新增的变量、系统函数及分支循环等功能为部分高级用户提供了强大、灵活的控制手段,添加了键盘事件、OLE对象、图符生成器和图标等新功能,同时在音频及视频技术上加以改进和创新。

9.1.3 资金人才的有力支撑

为了保证技术优势,方正不断加强科技力量,1985年张玉峰正式主持工作后,第一件事就是成立北大方正技术研究院,由北京大学计算机研究所和方正集团的科技人员共同组成一个科技实体。

北大方正技术研究院可谓是人才济济,它设有16个研究部和一个学术委员会,设有汉字信息处理国家重点实验室,电子出版新

191

技术国家工程研究中心,博士、硕士培养点和博士后流动站。北京大学计算机专业跨世纪7名青年学术带头人中,有4人就在北大方正。

为了保证技术优势,方正每年投入巨资从事科研开发,1996年方正将营业额的3%作为科研开发资金,这个比例在国内信息技术产业中是很高的。

在北大方正,技术研究与开发紧密结合在一起,每个课题都与方正集团相应的销售部门组合在一起,开发人员要从市场人员那里获得需求信息,收集反馈意见,由此设计和开发新产品,完善旧产品。这样结合,为方正的进一步发展打下了坚不可摧的基础,带来了方正独特的一种经营之道——"顶天立地",科技顶天,市场立地,方正为人,科技为本。"顶天"就是不断地追求技术上的突破和创新,"立地"就是商品化和大量推广、服务。只有在"顶"的基础上,产品才能大量推广。说到底,"顶天立地"就是把科研和生产结合起来。正因为有了"顶天立地"的结合,才使得市场刺激技术上的创新,市场的成功又支持技术的发展,方正才能保证不断地技术更新,不断地开拓,占领市场,没有技术支持的高科技产业,如同空中楼阁,所以可以说方正技术研究院的成立奠定了方正成功的基础。

在知识经济时代,发展科技企业必须是有科学头脑的企业家和市场观念的科学家的结合。王选教授曾列出一个公式:有市场意识的科学家+有科学头脑的企业家=未来方正集团的10位院士、100位百万富翁、一个世界500强的企业。

事业有成、不断创新的高科技企业实质上是一个高质量的人才企业。高科技企业有两个明显的特征:企业不但开发产品,更重要的是开发人才;企业不但经营产品,更重要的经营人才。方正之所以能在创业的十多年里取得如此辉煌的成绩,是与他们有一支高素质的人才队伍分不开的。用王选的话说:"经济的竞争在于科技创新的竞争,而科技创新的竞争在于人才的竞争,我最自豪的不仅是方正的一项项技术创新成果和一串串成功数据,更是聚集在这里的一批年轻的科技人才。"

王选是 1958 年北京大学数学系毕业,1975 年开始主持华光和方正型计算机激光照排系统的研制,被称为"汉字电脑处理中文激光照排之父"。自 1991 年先后当选为中国科学院院士、中国工程院院士、第三世界科学院院士。在他看来,方正的神奇魅力就在于它有无穷的机会,等着年轻人去把握,你有多大的能力,方正就有多大的舞台。

方正第七代栅格图像处理器方正世纪 RIP,在输出速度、标准化、先进性、兼容性和开放性等多项综合指标上达到国际先进水平。而当时牵头研究的是年仅 28 岁的李振坤,他们只用了两年半的时间就走完了外国人 8 年的科研道路,1997 年 7 月,这项产品就正式进入市场。

方正有 3 000 多名员工,90% 的员工是大学生,在方正科学研究院中半数以上是硕士,而平均年龄仅为 27 岁,在他们中间有 30 多岁的集团副总裁、22 岁的总经理。方正也正是靠这群年轻的精英完成了许多技术创新的第一:第一个大屏幕报纸组版编排系统、第一个中文彩色报纸编排系统、第一个国内中文报纸分类广告管理系统、第一个国内报业采编流程管理系统。

方正正是在不断以惊人的速度推出新产品的同时,也推出了一批年轻的技术人才。

9.1.4 国际市场的奋力开拓

方正在不断创新、不断发展的过程中,坚持占领国内市场,奋力拓展国际市场,在国内,由于政府、银行大量使用方正系统编排和印刷公文，方正又进入政府和银行的网络办公系统领域。利用开发出版系统积累的彩色图像和图形处理软件的经验，使方正在影像处理方面进行技术创新，开发出活动影像处理、动画制作等工具软件。另外，方正还进入了商场管理和邮电管理系统的开发，进入金融领域，开发金融软件。方正还利用自己在软件上的优势，开发计算机硬件，推出自己的计算机品牌。

1997年7月18日，方正集团宣布不再以国内作为主导市场，今后80%的出版系统销往国外，国际市场将成为北大方正的首选目标，正式吹响了进军国际市场的号角。同年9月，与日商签定了200套飞腾排版软件的出口合同，总额达3.6亿日元。同时，方正还与日本的《京都经济新闻》达成了1亿元的出口协议。这是中国人设计的拥有自主知识产权和自有品牌的软件第一次大规模进入国际市场，从而结束了在高科技领域中国厂商只是一味做外国产品代理的历史。同年11月，北大方正和IBM签订协议，共同开发、经销印刷出版系统的软件、硬件。北大方正以它技术上的优势、产品的多元化走向国际市场。

在北大方正的发展过程中，王选教授不仅对中国市场有准确的把握与分析，而且一直在关注世界市场，尤其是具有东方文化的日本市场，他认为，日本虽是世界上最大的出版市场，但日本本国的出版软件却落后于国际水平。日本和中国同样是双字节的内码，在电脑双字节排版上，中国已取得了领导国际的先进水平。进入彩色多媒体时代后，北大方正又进一步投入力量进行研究与开发。北京大学计算机研究所的汤炽和李平立两位年轻博士提出了软插件结构，可以适应大规模彩色画报自动排版的时间和速度要求。日本有一种1200页的大型汽车杂志，每期总共有1万多幅彩色照片，应用"方正"软插件的图文混排系统后，大大提高了出版速度和质量，这家日本出版商也因此出资数百万美元购买了"方正"这套软件。一个项目的成功又产生了连锁反应,使方正集团的海外市场也因此从中文报业迅速扩展到大型彩色杂志。

北大方正以市场为导向进行科研开发和技术创新,1997年7月北大方正在北京、香港和日本同时发布其在桌面出版领域内最新的技术突破成果——方正第七代RIP。RIP是一种能够将排版软件开发的PS信息转化成高分辨率图像的工具,是一套桌面系统的核心部件,被称为方正世纪RIP。

方正世纪RIP是基于Windows NT的全新一代RIP,它全面突破了平台的限制,可以打印多种平台产品的排版结果,包括Word文件、苹果的PS文件、方正SI文件、WPS文件,是北大方正桌面系统整体解决方案的坚实桥梁和核心;同时,方正世纪RIP支持网络打印,可以把PS打印机看作是一台默默无闻的网络打印机;可输出除方正字库外的汉仪字库、TrueType字库等三方厂家的字库,具有极高的中西文版面解释速度;采用多线程结构,支持并行处理和多CPU技术。方正世纪RIP的推出,大大推动了桌面出版技术的发展。

1997年可以说是方正技术创新喜获丰收的一年,数年的投入和研究开发使方正取得一系列的技术创新成果。北大方正在大部分创新成果拓展到国际市场的同时,继续在国内市场上开发新的创新成果。1997年,北大方正发布了其信息检索系统和电子报纸系统。数字化时代,技术创新的周期大大缩短,传统的新闻媒体也发生了巨大的变化,电子报纸成为报业的最新发展方向。北大方正电子报纸出版系统是在多年技术基础上创新的结果,成为国内最为优秀的电子报纸组版系统。技术创新的领先和高科技的优势使北大方正走向了世界,方正先后在国外设有日本方正、马来西亚方正、新加坡方正、美国方正、加拿大方正等海外分公司,成为6个国家首批技术创新企业中唯一的一个高科技企业。

9.1.5　创新中的企业家与科学家

北大方正的发展与成就令世人瞩目,方正的成功可以说是在技术创新和科研开发的过程中有市场头脑的科学家和有科学头脑的企业家有效结合的结果,虽然之后发生了王选"被炒"事件,那是企业发展中出现的问题,但方正的成功的确是这种结合所缔造的。

(1) 有市场头脑的科学家

王选在当代中国以至世界出版界是一个声名显赫的人物,在工商界,他担任过香港方正公司董事局主席;在科技界,他是中国科学院院士、中国工程院院士和第三世界科学院院士,他发明并领导了中国报业印刷业史上的一场伟大技术革命。他根据我国汉字的特点,采用"揭示信息"的方法,对字型进行参数描述,跳过日本、欧美流行的第二、三代照排机,经过近14年的研究,终于研制出第四代激光扫描输出照排机。研究成果屡屡获奖,但由于种种原因,这项技术在很长一段时间内不能实现商品化。

王选深知,国家为了这个项目前后共投资1 000万人民币,如果这项应用性成果不能成为商品进行推广,那么成果就等于零,国家的投资就要付之东流。一项科技创新成果,特别是应用性成果,不管在可能性上产生多大的经济效益,只要没有走出实验室,没有转化为商品走向市场,那么只不过是水月镜花而已。通过王选教授的努力,原国家经委印刷技术装备协调小组作出决定:允许北大作为直接生产单位,参与王选教授发明的激光汉字照排系统的开发和生产。然而由谁来承担呢?北大新技术公司负责人张玉峰——一个有科学头脑的企业家适时出现了。

(2) 有科学头脑的企业家

1985年北京大学物理系讲师张玉峰和其他四位老师筹办了科技开发部,在北大未名湖畔一间10平方米的小屋,靠北大提供的3

万元,开始了艰苦的创业。

1988年初,由张玉峰负责的北大新技术公司年销售额达5 000万元,由此北大决定向公司转让王选的中文电子出版系统。在印刷业第二次革命的浪潮中,他们又击败了一个个闯入中国市场的外国竞争者,完成了数万家报社及印刷厂的技术改造任务。

作为一个公司的负责人,张玉峰最成功和称职的一是决策,二是用人。1988年,中关村四通、联想已名声在外,张玉峰却大胆提出北大新技术公司10年规划:5年站住脚,跻身中关村前3名,5年大发展,力争1997年成为世界跨国公司。

而此时的王选教授选择了这样一条路,他毫无保留地将自己的专利"精密照排系统"转让给了北大新技术公司。随后,他又组织成立了方正技术研究院,从告别铅与火到告别纸与笔,从彩色报纸到电子报纸,从中文排版到日文排版……方正技术研究院引发了中文印刷业的一场深刻的技术革命,也保证了企业的创新产品源源不断地推向市场,成就了北大方正的壮大成长。

在北大方正的发展过程中,其经营方式由纯技术转让和代理销售转向了实业型的经营及高层次的技术经营为主。针对这种形势,北大方正的张玉峰总经理认为:要想保持在市场中的竞争优势,就必须不断地加大科技开发的投入,只有在技术上不断创新,保持技术上的领先地位,才能在市场上领先,占领市场的制高点。也就是说:只有占领技术的制高点,才能占领市场的制高点。北大方正在技术创新的道路上,稳扎稳打,走出了一条有自己特色的创新之路。

在知识经济时代,技术、人才、知识的重要性比农业经济和工业经济时代的重要性更加突出。这在北大方正发展壮大的过程中尤为明显。

北大方正在成立之初,和中关村的其他公司一样,没有自己的研究所,只是和北大计算机研究所合作,研究所提供产品,方正负责技术服务、二次开发、销售和培训,公司向研究所交技术转让费,公司和研究所在形式上是分离的,在利益上是完全分开的。对于高科技企业而言,只有不断适应市场需求,才能有新产品问世,而只有保持在技术上不断创新,从而保证技术上的领先地位,才能使新产品占领市场;市场的需求和产品的竞争推动产品的更新换代。这要求科技人员及时分析市场,了解用户需求,对技术进行创新,保持产品的市场竞争优势。但在研究所和公司分离的时候,科研只是一种消费,它是建立在科研人员的兴趣、爱好和特长上,常常会出现一个创新的甚至技术上有所突破的成果,但却没有市场价值。

随着北大方正的进一步发展,也出现了一系列问题,比如创新必须适应市场需求,必须有经济价值,在这过程中,创新应当根据需要决定是自主创新还是模仿创新,在创新中科研与生产之间的矛盾如何解决等。

1995年,张玉峰正式主持工作后,第一件事就是成立方正技术研究院,把公司和研究所合起来,由北大计算机所和方正集团的科研人员组成一个科研实体,第一次实现了科研市场一体化。

在北大方正,技术创新与市场是紧密结合在一起的,每个课题都与方正集团相应的市场销售部门结合在一起,创新人员要从市场人员那里获取需求信息,收集反馈意见,从而设计与开发新产品,这样为方正的技术创新打下了牢固的基础,带来了方正独特的经营之道——"顶天立地"。"顶天"便是技术上的不断追求创新,"立地"就是实现商品化。"顶天立地"就是将科研、技术创新和生产紧密结合。正因为有了"顶天立地"的结合,才使得市场刺激技术创新,而市场的成功反过来又推动技术的进一步创新,方正才能保持不断地技术创新,不断地开拓、占领市场。

王选教授对于方正如何发展有他独特的见解,现代科学技术的每一次进步,文化知识的每一次积累,技术上的每一次创新,都推动着人类社会的前进。方正走的是一条自主创新的道路,但从北大方正的成长过程看,如果没有国家"748"工程的大力资助,方正就没有成长起来的可能。也就是说,技术创新一定要有风险投资的支持。当然,风险投资不能完全由国家承担,但国家应制定相应的政策,鼓励集体和个人进行风险投资,促进中国高技术发展。

北大方正在自己的发展道路上把创新与市场相结合、科研和生产相结合,不断创新,在短短十几年里便创造了辉煌的成就。正如宋健同志所说:"方正是一个创举,是一个奇迹,方正开辟了一条新的道路,创造了一个新的起点,方正将在历史上留下重要的一笔。"

9.2 惠普公司:凭科技扩展版图

1934 年,从斯坦福大学电气工程系毕业的戴维·帕卡(Dave Packard)和比尔·休利特(Bill Hewlett)去科罗拉多山脉进行了一次为期两周的垂钓野外露营。由于彼此对很多事情的看法一致,他们成为挚友。此后,比尔在斯坦福大学和麻省理工学院继续研究生学业,而戴维则在通用电气公司找到一份工作。受斯坦福大学教授及导师 Fred Terman 的鼓励和支持,二人决定开办公司并"自己经营"。戴维夫妇迁居至加利福尼亚州帕拉阿托(Palo Alto)市艾迪森(Addision)大街 376 号。比尔·休利特就在这栋房子后面租下一间小屋。比尔和戴维用 538 美元作为流动资金,并利用业余时间在"车库"开展工作。这个车库也就是现在加利福尼亚的历史文物——硅谷诞生地。

惠普公司从它诞生的第一件产品——音频振荡器开始,一直致力于技术创新,不断研发新产品,迅速发展成为一家集电子产品、测量系统、计算机系统及通信系统的设计、制造和服务为一体的全球化集团公司,服务范围涉及工业、商业、工程、科学、医学及教育等诸多领域,公司制造出的产品多达 29 000 多种。

惠普公司 1998 财务年度营业纯收入高达 471 亿美元,业务收入的 56%以上是来自美国以外地区,也是美国最大的十家出口商之一。公司有雇员 12 万多人,在美国 28 座城市以及在欧洲、亚太地区、拉丁美洲和加拿大都设有分部,通过设在 120 多个国家的大约 600 个销售和支持办事处以及经销商,并通过转卖商和零售商出售其产品和服务。惠普公司在《财富》杂志评出的最受仰慕公司中名列第五,全球 500 强公司中排名第 47 位。

惠普的经营宗旨是:促进科技知识进步,提高生产和工作效率。惠普公司在创业伊始,就制定了一个高尚的、雄心勃勃的目标:下决心努力在技术方面做出重要贡献,以促进科学、工业的发展和人类的进步。惠普公司始终致力于这一目标的实现,研发出了一个又一个代表世界先进水平的高技术产品。它不仅满足了社会的需要,而且也促进了自身的发展。可以说,惠普公司的创业历程就是惠普公司的创新历程。

9.2.1 新科技的持续研发

(1) 音频振荡器的诞生

1927 年,贝尔实验室的一位科学家哈罗德·布莱克写了一篇论文,谈到所谓"负反馈"这一新思想。这一思想有望产生电话的"增音器"或放大器,但一直未被应用。惠普公司决定将这一理论应用于实践,开发出自己的第一件新产品。1938 年春,公司创始人之一比尔·休利特运用负反馈理论研制出一些实验设备,并在车库中研制出最重要的设备抗阻音频振荡器。通过不断改进产品的大小尺寸及使用性能,降低成本,惠普公司的第一个产品音频振荡器(HP200A)诞生了。该振荡器采用炽灯作为电气接线图中的一个电气元件来提供可变阻抗,这在振荡器的设计上又突破反馈原理的利用,相继生产出另外几项惠普早期的产品,诸如谐波分析仪及多种失真分析仪。在以后数年中,惠普逐渐成长为一家世界领先的电子测试及测量仪器制造商,服务面向工程及科学领域。如今,这些仪器、系统及相关服务已在电子设备的设计、制造、操作及维修过程中获得广泛应用,同时也应用于新兴起的全球信息网络。

(2) 进军微波领域

二战初期,惠普公司帮助美国海军研究实验室生产一些传统产品。惠普公司在向他们推销传统产品时,也在研究他们可能需要的别的产品。当惠普公司得知海军研究实验室研制成一种微波信号发生器时,便决定立即与其合作。在很短的时间内,惠普以有限的车间生产能力和合理的价格生产出一批产品,海军使用后反映很好。在这以后,通过双方合作,又共同研制开发出了一些新的仪器,从而进入微波技术领域。第二次世界大战中,惠普因其成套系列的微波测试产品而被公认为信号发生器行业的领先者。虽然当初惠普公司在微波频率产品开发方面没有经验,但通过与海军研究实验室合作,惠普公司获得了一些新的技术知识,不仅有助于在微波仪器制造业方面处于领先地位,同时使惠普公司在战后得到了丰厚的利润。

(3) 计算机市场的开拓

20世纪60年代,电子工业的革命性变化推进了计算机业务的发展,计算机可能在仪器领域内产生巨大的作用已变得十分明显。

惠普已预见到了计算机将对公司的业务产生深刻的影响，为抓住计算机时代来临的机遇做好了充分准备，惠普的两位工程师提出用计算机系统使惠普的仪器产品自动化的设想。1964年9月，开始研制一种供计量系统使用的自动化控制器，并诞生了第一台微型计算机，即2116型，用于收集和分析惠普电子仪器所产生的数据。到70年代，惠普以其HP3000中系列计算机（英文页面）而跻身于计算机制造业中，从而进军计算机领域，并推出具有划时代意义的分布式数据处理系统，从而使计算机的能力不仅局限于计算机室中，更能让部门内任何员工都能利用计算机系统。

到80年代，惠普凭其系列的计算机产品而成为业界一家重要的厂商，其产品从桌面机到功能强劲的微电脑可谓门类齐全。现在，惠普系列计算机产品能以较低的成本提供大型计算机主机的性能。在80年代中期，惠普是最早将精简指令集计算（RISC）技术应用在计算机产品中的几家主要公司之一，用于此项产品的开发费用高达2.5亿美元，开发持续5年时间，是惠普在研究与开发上投入最大的一项。最终，惠普向业界提供了系列极其广泛的基于RISC技术的计算机产品。1995年又推出HP OmniGo 100掌上电脑。此外，惠普还将业务拓展至光纤、无线通讯及可视通讯等前沿技术领域。1982年，英国惠普公司开发出电子邮件系统，该系统已成为基于微电脑的第一套商用广域网。

（4）开发打印产品

惠普公司获得成功的根本基础，就是倾听顾客的意见，将创新与顾客的需求结合起来，努力满足顾客的需要。通过顾客意见的反馈，有助于设计和研制出满足顾客实际需要的产品。在惠普公司，为顾客服务的思想，首先表现于提出新思路和新技术，在这个基础上开发有用的重要新产品。这些新思路成为开发新产品的基础，而新产品将满足顾客潜在的重要需要。为此，在技术高速发展、世界充满竞争的时代,新产品要有用,就必须加快开发步伐。惠普公司就是在这一指导思想下,通过不断的技术创新,开发出了大量满足顾客需求且代表世界水平的新产品。

当惠普公司于60年代末开始搞计算机系统业务时,就认识到计算机及其相关产品——绘图仪、打印机和存储器——是相互有关联的。满足客户的需要,就要能够为顾客提供一个完整系统的各个组成部件。当时工业界在打印技术方面致力于调整大型多用途系统打印机。这种主机系统打印机很不可靠,而且购买和维修费用都很高。为此,为顾客提供适用于计算机系统的小型、可靠、便宜、高清晰度的激光打印机,符合惠普的经营宗旨。

70年代中期,惠普公司同佳能公司合作,共同研制可以跟小型机配套使用的激光打印机。1982年,惠普公司利用了佳能公司特许的电光成像技术,推出了它的第一台激光打印机。80年代,随着个人计算机市场的出现,拥有个人计算机的人需要有使用方便、直接连接的打印机。1984年3月,惠普公司推出了第一台LaserJet,创造了一个全新的打印机市场。1987年,推出了LaserJet Ⅱ,1990年初又推出了LaserJet Ⅲ。创新势头永无止境。今天,LaserJet已经成为激光打印机的代名词。

1978年,惠普公司帕洛阿尔托实验室在一次偶然的机会中发现了喷墨技术,开发出了喷墨打印机。一位研究集成电路使用的薄膜技术的工程师在试验薄膜对电刺激的反应时发现,电力使介质过热,薄膜下面的水滴被溅射出去。于是产生了一个想法,如果能够精细地控制这些喷射的小水滴,那会产生什么结果?1980年惠普公司开始执行第一个热喷墨产品计划,1984年推出了名叫ThinkJet的喷墨打印机。1991年又推出了DeskJet 500C型彩色打印机,廉价高质量的彩色打印机为日本的点阵式打印机敲响了丧钟,DeskJet打印机引起了彩色打印的一场革命性变化。

惠普是世界硬拷贝产品的杰出供应商，惠普产品业已成为有关技术、使用性能及可靠性的业界标准。处于市场领先地位的惠普产品包括激光打印机、喷墨打印机、大幅喷墨打印机及绘图仪、扫描仪、打印/传真/复印一体机、彩色打印/复印机以及传真机。

惠普公司的技术创新是永无止境的。除上述所提的技术创新事例以外，不妨再列举一些：

1951年，惠普发明高速频率计数器(HP524A)，它可大大减少测量高频所需的时间(从原先的10分钟左右降至1到2秒)。

1964年，原子铯时间标准仪HP5060A被世界广泛赞誉为"飞行钟"。全球各个地区均使用HP5060A与国际标准时间对时。

1967年，惠普设在德国Boeblingen的公司推出非接触式胎心监测仪，用于测定胎儿在分娩时的状况。

1969年，惠普首次向市场投放分时操作系统，装在该系统的微电脑可同时供16个用户使用。

1971年，利用激光技术生产出可测量百万分之一英寸长度的激光干扰仪。

1975年，惠普通过制定标准接口，从而简化了仪器系统。电子业采用惠普接口总线HP-IB作为国际接口标准，从而使多台仪器能够方便地与电脑连接。

1989年，惠普新型原子辐射检测仪成为第一台利用气相色谱法来测定所有元素(氦除外)的分析仪器。

1991年，预装Lotus1-2-3应用软件的HP95LX掌上电脑(约重11昂司)问世，具有先进的计算特性和数据通讯功能。

1994年，惠普生产出世界最亮的LED(发光二级管)。由于同时具备高亮度、高可靠性和低耗能的特点，因而它在很多新应用上已取代了白炽灯……

9.2.2 全方位的创新战略

（1）鼓励创新

戴维·帕卡(Dave Packard)和比尔·休利特(Bill Hewlett)从创业一开始,就制定了有利于技术创新的经营宗旨:促进科技知识进步,提高生产和工作效率。这是一个高尚的、雄心勃勃的目标。这一目标的实现,要求惠普公司不能仅仅仿制市场上已经有的东西,要努力在技术方面做出重要贡献,以促进科学、工业的发展和人类进步。正是由于鼓励技术创新的经营宗旨,激发了技术人员的创新动机,才产生了无数个世界水平的创新产品,研究与开发的巨大成就始终是惠普公司促进产品发展的动力。

惠普公司在经营管理上,努力营造一个可容纳不同观点、鼓励创新的宽松工作环境。在努力实现明确、确定一致的总体目标时,允许个人在实现公司目标时,灵活采用自己最佳的工作方式。也就是说,个人可以上午9点来上班,然后在干完了规定的工作之后离去。这种宽松的工作环境,有利于技术人员在自己认为最佳的时间来搞开发,员工同时也获得了尊重和信任感,有利于调动技术人员的创新热情。

惠普公司的高级管理者在给技术人员宽松的工作环境的同时,另一重要的做法是不断地鼓励创新者保持创新热情。我们知道,研发人员经常提出富有创造性的创新思路,但并不是所有的都可行而被采用。如何鼓励和帮助这些失望的创新者继续保持热情,永保创新活力尤为重要。比尔·休利特(Bill Hewlett)有较好地处理这类问题的办法,称之为"戴帽子过程"。首先,对富有创造性的革新者满怀热情地提出一种新思想时,比尔立即给其戴上一顶"热情"帽子:认真倾听,不提尖锐问题,并表示赞赏,给予鼓励。几天后,主动找创新者,给其戴上"询问"帽子:提出一些尖锐问题,进行详细探讨,不作最后结论。最后,再给其戴上"决定"帽子:再次会见创新者,在严格的逻辑推理和敏感的思索下,做出判断,对这个思路下结论。即使是最后的决定否定了这个项目,这个过程也给这个创新者一种满足感。这是惠普公司使人们继续保持热情和创造性的一个极为重要的做法。

(2) 重视人才

技术创新离不开高素质的人才,惠普公司的决策者们深深地懂得这个道理。培养人才、留住人才、吸引人才是惠普公司一直坚持的基本做法。

由于惠普依靠科技取得进步,因而尤其注重员工的继续教育工程,并且通过内部培训计划以及安排大学学位升级计划加以实现。惠普人有义务提高自身的工作能力,积极鼓励员工通过培训获得自我提高。在一个技术发展异常迅猛并要求员工能够立即适应的技术领域中,这一点尤为重要。因此,惠普是投资教育的倡导者之一。1995年,惠普在教育方面投入资金、设备共达5 300万美元。

早在1954年,惠普公司不仅与斯坦福大学在技术上合作,而且将合作进一步扩大到人才培养方面,确立了后来所谓的优秀人员合作计划:每年花大约两亿美元为雇员制订并提供培训课程;每年花大约三亿美元允许员工脱产参加外面的、与职业有关的课程;使惠普公司的合格工程师可以在斯坦福大学读高级学位。通过这个计划,惠普公司有400多名工程师获得了硕士学位或博士学位。它使惠普公司有可能从全国各大学中招聘高水平的工程专业毕业生,这是惠普公司成功的一个重要因素。

惠普公司有很长一段时间投入到石英频率标准的研究工作之中。在这过程中,听说科罗拉多有一位科学家唐·哈蒙德,他对石英的研究工作很出色。于是便设法邀请他加盟惠普公司,研制出了很多使用石英的新仪器,其中之一是石英温度计,它测量温度的分辨精度可达 0.000 1 摄氏度。

二次大战结束后,大多数公司业务急剧下降。惠普公司利用这个机会,在尽量保留得力骨干的同时,吸引了一批优秀技术人才到公司来,特别感兴趣的是哈佛无线电研究实验室的工程师。他们在战后关键时期帮助研制了一些急需的新产品,如微波产品。负责研究与开发工作的副总裁巴尼·奥利弗博士,就是惠普公司于 1952 年设法从贝尔实验室挖过来的。

(3) 重在投入

惠普公司在满足利润目标的同时,始终注意长远利益——不断为公司增值和增强实力,惠普的持续发展是建立在对研究与开发的巨大投入之上。其每年销售收入约 10%的部分均投资于研究与开发,1998 年研发费用高达 34 亿美元。巨额投入连同尖端技术制造及迅速交付市场的能力,使得惠普能够持续不断地推出新产品和实用产品。1995 年,惠普订单的一半以上均为两年前上市的新产品。

1961 年,惠普成立了一个分支机构——惠普同仁公司,从事固态电子学的研究与开发。1966 年,在其基础上创立了惠普实验室,从事高级研究工作,以便帮助把公司引导进入新的技术领域并使之产品化。作为公司的中心研究机构,惠普实验室是世界领先的电子研究中心之一。该实验室的总部位于 PaloAlto 市。此外,惠普在英国和日本也设有实验机构。惠普的研究人员正在不断开发和应用最先进的技术,以满足当前的业务需求,并为公司的未来发展创造新的机遇。

惠普公司在创新中另一重要方面是如何来选择合理的研发投入。我们知道,任何一个企业的人力和物力都是有限的。极为重要的是,要把现有的力量用在最可能获得成功的项目上。惠普公司在选择项目时往往是根据六比一回报率的原则。这就是说,在一项产品的寿命期内获得的利润必须至少六倍于开发这项产品的成本。实践表明,越具有创新的产品,回报率也就越高,往往远远大于六比一。

惠普公司对是否投入任何有关领域的研究开发,关键是看其能否有所贡献,也就是要能通过不断寻找新思路来研发新的更好的产品。而源源不断地涌现出高质量的新产品,是惠普公司的生命线,是发展的必要条件。惠普公司同其他许多高技术企业一样,拥有很多新思想。但惠普成功的是,在开发新产品时较好地选择了那些能够满足市场实际需要的新思路。这要求新思想不仅可行而且经济实用。如惠普在研发供工程师使用的检测计量仪器时,为了使创新能符合市场的需要,他们使研发的新仪器首先在本企业内部使用。如果一种新仪器的设想对在相邻实验台干活的惠普工程师产生吸引力的话,它就可能会引起顾客的兴趣,这称之为"相邻工位"反响。通过这种做法,就会知道"谁需要它",从而克服了技术创新的盲目性。

惠普公司不仅注重对具有近期市场前景新产品的开发,而且也热衷于对具有潜在市场前景新产品的开发,不惜巨额投资。惠普重要贡献之一是在发光二极管方面,花了大量的投入,用6年多时间研究和开发发光材料。该技术60年代初就达到了应用程度,但没有任何部门使用。尽管如此,公司决定继续研究,它使袖珍计算器在1972年面市成为可能。自那以来,它作为显示器而广泛应用,它的应用大大超过了当时所设想的范围。惠普一直在开发发光材料,研制出了世界上最亮的发光二极管,用于汽车的尾灯和转弯的信号灯上。这种灯比白炽灯的优越性是永远不会烧坏,且十分节能。不久全世界所有的汽车都使用了这种发光二极管。

(4) 大力推销

中国有句老话"酒香不怕巷子深"。这句话有两层含义：一是说要造出好产品；二是说好东西不愁卖，"皇帝的女儿不愁嫁"。而惠普公司不仅要制造出好产品，而且也积极地宣传新产品。只有当自己开发出来的新产品被社会所接受，才能算对社会有所贡献；也只有当自己的新产品推销出去，获得对开发投入的回报，研发新产品才能可持续进行。惠普公司不仅通过《惠普杂志》介绍在开发一些重要的新产品时使用的技术，而且还抓住一切机会展示自己的新产品。如无线电工程师学会（IRE）是从事无线电工程人员的专业团体，在每年举行一次的年会上，将展出各个生产厂家出产的无线电设备。惠普公司每年都充分利用这一机会，积极展示自己的新技术，尽量吸引大批顾客和可能的买主。在向客户展示自己新产品的同时，还密切注意了解竞争对手的产品。这种大规模的展示会也将成为惠普开发新产品注意的焦点。

惠普公司在1972年设计一种能够装进衬衫口袋的计算器，名叫HP35，大约在上市一个月以前，他们把HP35的样品送给几位著名的工程师和获得诺贝尔奖的物理学家，他们在各种会议和年会上偶尔出示一下这"玩艺儿"，总是吸引很多人。HP35之后，新的可编程的HP65一投放市场，就供不应求。

(5) 加强联合

当今世界，许多技术实力雄厚、占有较大市场份额的大企业，为了实现优势互补，实行"强强"联合。惠普公司很早就对"双赢"理论进行了成功的实践，通过技术联盟来提高自身的创新能力。如前面我们提到的，与美国海军研究实验室合作进军微波领域；与佳能公司合作，研制激光打印机；等等。

50年代，斯坦福大学创建了斯坦福工业园，这是惠普走向产学研合作的一条重要道路。惠普公司当时是工业园最大的租户，与斯坦福大学建立了密切的合作关系，共同开发新产品。如一个名叫艾尔·巴格利的研究生负责研究了频率计系列和其他相关产品，成为惠普公司最成功的产品之一。

除此之外，惠普公司还通过兼并公司的方法，使技术和产品可以相互补充，对扩展公司技术和快速打入新的市场，起着很大作用。1958 年，惠普首次成功收购了 F. L. Moseley 公司，这是一家高质图形记录仪的生产厂商，这次收购标志着惠普已进入绘图仪行业。

为了进入医药界，惠普公司收购了桑伯恩公司，使它的电子技术推广应用于医学及分析化学领域中。如今，惠普医疗设备（包括心脏超声显影及护理监测系统）正广泛使用于世界各地的医院和诊所，惠普计算机系统也在医疗及其管理部门获得应用。

惠普公司进入分析仪器领域，收购了阿冯代尔的 F&M 科学公司。惠普分析仪器是分析液体及气体化学成分的设备，已在化工、能源、制药、食品加工、环境监测、医学、生物及科学研究等多个领域中获得应用。惠普分析仪器通常配有惠普计算机系统，这样可使仪器获得更高的精度和自动化程度。

当从事波导业务的瓦里安合伙公司在 1950 年打算把注意力集中在别的方面时，惠普公司购买了它的波导业务，把它合并到了惠普的微波业务中。

除上述所说的几点外，惠普公司还通过调整企业组织结构来提高创新效率。随着企业的迅速发展、产品品种的增多，为了进一步明确开发的目标和责任，惠普公司将研发组织结构划小，实行开发工作项目化管理，是惠普促进研发成功的又一经验。到 1957 年，惠普公司产品达 300 种以上，有 90 位工程师从事产品开发。为了使开发机构更加有效率，惠普公司将开发机构划分为四个产品开发小组，每个开发小组集中力量研制一组相关的产品。其中，一个部门研制计数式频率计和相关的仪器；另一个部门抓微波设备;第三个部门负责音频和视频产品;第四个部门搞示波器的研制。把研发机构划分为若干部门,还有一个优点是,可以使一个设计工程师专注于本部门的产品,同这方面的销售人员密切合作,对顾客的需要和意见及时做出反应,更有效地开发出市场需要的产品。

(6) 前景分析

惠普公司成功的技术创新中也包含着一些曲折。1994 年,惠普公司在计算机产品、服务和支持方面的销售额约为 200 亿美元,占公司总营业额的 78%。但惠普在计算机领域取得的成绩并不全是由其创新原则推动的,而主要是由于电子工业的那种革命性的变化推进了计算机业务的发展。我们知道,惠普公司的基本原则是,开发新产品的技术一要新,二要力所能及。正是由于惠普一贯遵守其创新的基本原则,20 世纪 60 年代惠普在计算机领域的技术创新有些裹足不前。

例如,惠普计算机分部的工程师提出欧米茄项目,该项目可在 70 年代初产生世界上第一台 32bit 计算机。工程人员对产生这样一种速度快、功率大的计算机的前景有着巨大的热情,并很快就设计出了计算机原型机。不过,高层经理人员对这个项目的规模日益担心,它显然与惠普公司的基本原则相悖:它耗资太大,不得不借债;它需要的专业知识和能力、营销能力不是建立在惠普公司现有实力的基础上,而且直接同 IBM 的主机业务进行竞争;等等。最终这个项目被取消了,这一决定大大地损伤了技术人员的开发热情,导致部分人员离开了惠普。后来该项目更改为研制一种档次高、成本低的 16bit 计算机,用于处理中小规模的联机业务,重新上马。1972 年 HP3000 推向市场,成为计算机行业中畅销时间最持久的产品之一。

9.3 通灵翠钻：靠转型谋求发展

江苏通灵翠钻有限公司是一家主营钻石、有色宝石、翡翠等珠宝首饰的民营企业。1997 年 12 月 8 日当这家公司开张时，仅有注册资金三十万元，十几个平方米的营业面积占据天安商厦七楼的两节柜台，全部员工也仅有若干人。但经过短短三年多时间的发展，珠宝专卖、连锁经营的运作模式获得了可喜的成功，并发展为一家拥有二十多家珠宝连锁专卖店、三百多员工的持续成长的中型珠宝公司，资产规模近亿元。它是如何脱颖而出，成为珠宝首饰行业中的佼佼者的？

成功的秘诀来自公司管理层的非危机转型意识并能对此"慎重行事"。所谓非危机转型，用麦肯锡公司 Jonathan D. Day 和 Michael Jung 的话来说就是："企业同人一样，需要顺应环境而发展。这种发展有时是渐变的，但有时候企业又必须超越循序渐进的演化，以更快的速度实现变革，即转型。"但是，"大多在正常情况下，即没有危机时进行的转型最终均以失败告终"。因此，处于"平安"中的非危机企业想要进行成功的转型，必须深谙在非危机情况下的转型原则，并且慎重行事。（Day et al., 2001）通灵翠钻就是一家在"平安"中寻求变革的企业，在短短三年多时间的发家史背后，是居安思危、不断寻求实现转型的管理理念以及运用转型的处事能力。通过不同的转型策略的运用，直营连锁经营的模式获得了成功，同时通灵翠钻也在很大程度上获得了变革企业的深层基础的能力，这使它由一个创业时的家族式企业，迅速转变为一个学习型的团队合作的组织。

9.3.1 设计扁平化组织

1997 年底的通灵翠钻还是一个典型的家族式企业：它由两位

成为亲戚的股东构成,一位负责珠宝的技术问题,另一位则负责把各种珠宝产品卖出去。创业初期,这个家族式企业敏锐地感到当时的大商场加上少许的银楼在经营珠宝时的一个致命弱点:根本就没有品牌意识——不论是珠宝产品的,还是珠宝企业本身的。他人的弱点此时就成了创业者们捕捉机遇的起点:他们首创性地将其他行业的经营模式引入珠宝业——开专门店进行直营连锁经营。这样做的好处不止一个,可以摆脱大商场的限制,摆脱佣金的困扰,最重要的是摆脱消费者的信任危机。这时的企业"谈不上什么组织结构",家族式管理非常奏效,大家努力工作,配合默契。很快企业就积累了相当的资本,直营连锁店也很快有了一定的数量和规模,员工也不再都是"自家人"了,企业创业时期的家族式的默契和自觉地勤奋工作的动力慢慢减小了,创业者个人主义的人治色彩浓厚的领导方式第一次带来了众多问题,企业领导者意识到,原来的管理方式慢慢地难以奏效了:随着规模的扩大,企业必须控制并提高效率以及对新增加的员工进行有效的管理。

但是随着公司的发展壮大,企业必然产生的组织的庞大和臃肿现象可以说是比比皆是。如何使新的组织结构适应企业不断成长的需要?构建组织结构的目标要求到底应当如何定位?企业管理层根据市场、行业竞争以及企业自身发展中存在的特定问题,不断地思考着这些看起来属于跳跃式的问题。实在地来说,这正好是通灵翠钻的管理特色之一:在公司组织架构方面,它并没有按部就班地走传统企业所必须走过的老路,而是从"谈不上什么组织结构"迅速地转向了扁平化的组织架构——传统的以职能为中心的等级化组织架构的过程被尽量地压缩了。现在公司的组织结构仅有3层,中间层被尽量地减少了,"零经理层"是公司的目标之一。根据商业流通以及连锁运营的特点,公司管理层谨慎地处理着整个企业的管理跨度,并尽可能地设计成一个宽管理跨度的组织结构。原来的向副总经理负责的六大传统的职能部门(总经理办公室、企划部、商品部、市场部、人力资源部、财务部)很快转变成一个进行了扁平化处理的新架构。

在这个新的组织架构中,取消了原来的中间层,原来的各个职能部门在相当大的程度上进行了合并,业务总监由原来的副总经理担任,具有自主的决策权,是制定团队决策、具体管理业务流程的领头人,直接向总经理汇报、负责。由于直营连锁店在执行决策时往往容易走样,为了避免这种弊端,并加强各部门间的有机配合和横向协作,组织设计时打破了职能部门的限制,以营运流程为核心,每个业务总监领导的都是一个自我管理的工作团队。为了把这些自我管理的团队引导到正确的轨道上来,公司从整体加强了对工作团队的指导和监督,如在各个区域聘请高级顾问、培训指导顾问。值得一提的还有,引入国营企业中广泛采用的职工代表大会制度,成立了职工代表委员会,职工代表大会是员工行使民主管理权利、参与组织决策的专门机构。2001年,给出了通信地址和电子信箱的"总经理信箱"的设立,为组织中员工参与企业管理、拓宽信息渠道、加强组织沟通提供了又一种有效的途径。经由类似多种方式,通灵翠钻精心推进的是一个由直线的管理模式向扁平的网状管理模式的转型。

9.3.2 打造高效率团队

在通灵翠钻的初创时期,企业的迅速成功得益于开创事业的元老级人物的团结奋斗以及良好的市场机会。但随着企业的不断发展,出现了不同的问题和障碍,这些问题和障碍从本质上来说,来自企业的深层基础,比如:看似简单的新人和老人问题应当怎样处理?企业如何成为全部员工的民心所向?怎样使员工具有奉献精神和工作热情?通灵翠钻的管理者意识到需要引导一场更为深刻的变革——企业的文化转型。但是这种关系到企业深层基础的变革到底应当如何来做？因为稍有不慎，可能带来灭顶之灾。例如，有些辛勤劳动、无私奉献的企业"元老"们难以认同现代化的经营、管理理念，已经不再适应新形势的要求。对"元老"实行解雇、降职、调岗，企业可能遭受"卸磨杀驴"的指责，如有不慎，可能失却民心，并使公司置于失控的危险之中。通灵翠钻的做法是根据直营连锁的特点，加速打造高效率的核心团队，并在同时导入支持团队的企业文化，培养团队精神，引入支持团队文化的激励机制。具体的做法是从"人"着手，通过有效的人力资源开发系统，使高效率的核心团队建设和支持团队的企业文化的导入成为一个一体化的过程。

通灵翠钻认为，企业的问题，关键是"人"的问题，人本化管理是公司首先要重视的方面。在通灵翠钻打造工作团队的过程中，人本化管理主要通过这样的几个方面体现出来：企业外部人才的吸引机制，企业内部人才的创造性使用，基于团队的考评和激励机制。

吸引企业外部的优秀人才，对大多数企业来说，并不是一件容易的工作，对于创业初期的通灵翠钻来说，更是困难重重。这时企业的状况是：一方面老员工渐渐地表现出难以适应由于企业快速成长而必须进行的企业转型；另一方面，企业对人才市场上优秀人才的吸引力尚且有限，新老员工的有机组合更是艰难的过程。为此，企业一方面重新推出旨在向优秀者倾斜的新的薪酬制度、完整的劳保福利制度，还进一步根据人才市场的特点推出了一系列有力的措施，如帮助应届毕业生解决户口，解决重要岗位外籍员工的住房问题等；另一方面提出"内部提高、挖掘人才"的口号，在机会均等的情况下，实行企业的内部招聘和选拔。另外，为了提高员工的综合能力，企业还实行了"岗位互换"的用人制度。据2001年6

月 18 日《通灵翠钻》创刊号报道：6 月 12 日"公司首次内部招聘圆满结束"。这是一次"以人为本"理念的成功尝试，对于企业内部人力资源的流动、激励员工积极向上、找到自己的最适合的位置，提供了一个新的上升通道。

通灵翠钻的"创造性的人才发掘，全员动态的用人机制"，同样做得有声有色。它由以下两个部分组成：

第一，提出变"相马"为"赛马"的口号，提倡内部竞争和激励，让每个员工都有压力，并且在"赛马"的过程中增强才干。所谓"赛马"，举一个最为简单的例子，比如岗位业绩的对比，苏南区和苏北区的对比，等等。公司在专卖店中实行了一种称之为"拔河"的"比赛"，即不同区域进行定期与不定期的比较，或者是部门内部人员、部门之间进行综合评定。"赛马"还涉及相当广泛的内容：在公司的一系列培训计划中，设立"学习态度奖""成绩优异奖""单项全能奖""综合全能奖""集体荣誉奖"。根据类似的原则，公司制定了近十种"赛马规则"，以此作为考核员工、考核工作团队的标准，并从中鉴定、选拔和培训人才。

第二，"三工"并存、动态转换。即将各个岗位分成初、中、高三级，员工分成初级员工、高级员工和优秀员工，鼓励三个级别间的动态转换，在动态转换中实现人才的流动。初级员工经过努力可以转换为高级员工，而优秀员工如果不努力而淘汰下来，同样可能成为初级员工。这种动态机制同时也是一种竞争激励机制，使每一位员工感到压力和动力。

9.3.3 走向学习型组织

通灵翠钻在开始创业的时候就秉承了一种优秀的传统，企业领导者有一种朴素的认识，他们相信"人是可学习的"和"人是可改造的"。因此，在适应新的环境、实施转型的过程中，带领公司走向一个学习型的组织,在公司的领导层中取得了高度的认识上的一致。在通灵翠钻,提倡学习最初是为了解决"老人和新人问题"。而最终,转向学习型企业的努力成为通灵翠钻能够在不同的企业成长阶段上迅速完成企业转型的不二法门。企业领导层总结出了行之有效的学习的三种类型:一是相互学习,主要包括个人和个人之间、团队和团队之间、企业和企业之间的学习。二是通过书本的学习,包括理论性知识和操作性知识。例如企划部门既学习新闻理论,也学习"广告策划的21种成功模式"类似的内容。三是专门的学习,它是通过通灵翠钻的全面培训体系来完成。

通灵翠钻认为,科学完善的学习和培训体系关系到企业能否持续成长和迅速壮大。通过有效的培训可以提高员工的素质,增长员工的见解,最终使员工达成共同的信念。而这些都是企业在实施转型的过程中所必不可少的。通灵翠钻的培训系统的具体做法是这样的:第一,岗位培训制度。有岗前、岗中培训。第二,系统培训体系。有大专班、理论培训、实践培训。第三,三级培训制度。第一级是上级对下级的培训,第二级是同级间的培训,第三级则是专家培训。除了制定一套较完整的培训科目,使培训有一定的针对性、实用性之外,相应制定了一系列激励制度和具体措施。

第一,培训与考评相结合。考评的目的是为了督促员工更好地工作,培训的目的也是为了让员工更好地工作,所以,两者的目的是一致的,把两者有机结合起来,有利于员工的成长发展。员工培训的原则是"干什么,学什么""缺什么,补什么",员工考核的原则也应是干什么考核什么。企业把员工考核中存在的问题,及时反馈给员工,使他们根据存在的问题制定学习目标,同时在培训时,又紧紧抓住这一目标。这样既可以使培训有针对性,又可以提高员工的学习积极性,因为考核成绩总是和奖惩制度相关联的。

第二,培训与使用相结合。如果采用培训与使用相结合的政策,使通过培训且成绩合格的员工确实有更多的晋升机会,或承担更重要的责任,而未经培训或考核不合格的则不准上岗,就会形成一定的教育和训练的动力与压力,鼓励员工参加培训。

第三,培训与工作报偿相结合。对受训员工给予适当的奖励,或提高未来收入水平,有助于激励员工的学习积极性。

第四,培训与员工职业生涯发展相结合。现在人们已经认识到企业的命运掌握在员工手中,企业现代化首先要使人现代化。员工既要掌握现代知识技能,更要有现代人的意识和适应能力,并形成企业与员工共同的价值观。为了满足企业经营及员工发展的这两个需要,员工培训既考虑到企业发展的需要,又考虑到员工自身发展的需要,与员工的职业生涯发展规划相衔接。

9.3.4 善用非危机转型

虽然现在管理者们对企业转型已经耳熟能详,并且往往对诸如 IBM 公司、福特汽车公司传奇般的成功转型叹服不已,但是仍有可能他们对转型的感悟仍然仅仅如此。例如企业转型常常被认为是大公司在危机时刻的力挽狂澜之举。事实上,企业转型是企业的一种彻底的变革,它与渐进式改革的区别是看企业是否"创造现在没有的东西"。"当管理者对自己和公司进行彻底改造时,他们建构新的深层基础,并带领每个人向着一个似乎不可能的未来迈进。"(科特,1999)在缺乏生死存亡的危机到来的压力时,企业往往不会有置之死地而后生的勇气,因此非危机情况下的转型对企业的领导人来说是一个严酷的挑战。因为这一挑战的实质是要在企业"平安"的情况下创造一个全新的企业,它关系到打破企业旧有的思维方式和"我们这儿的行事方式"。

作为一个活跃在珠宝首饰行业的民营企业,江苏通灵翠钻公司迅速成长的经验说明了企业不论大小,寻求在非危机状态下的转型并成功地实施这种转型,是企业适应环境变化并能保持迅速发展的新途径。首先,转型所能带来的最根本的好处是,它不仅使企业在经营业绩方面获得空前的收益,更主要的是它使企业拥有了变革企业文化这种企业深层基础的能力,而这种能力的获得,是一个企业立于不败之地的最终保证。其次,面对转型的挑战,企业需要根据自身的特点和市场环境灵活运用转型原则。在这一方面,江苏通灵翠钻公司并没有照搬国际大公司的现成做法,也没有以搞几次轰轰烈烈的管理改革为目标,而是灵活运用以持续的全员激励、全员学习为主要特点的种种有效方法,从而达到彻底改造企业的目的。应当说,江苏通灵翠钻公司通过实施转型谋求迅速发展的经验,对于那些想要谋求成长的民营企业来说是有借鉴意义的。

参考文献

巴德拉克,1998.知识联盟[M]//麦耶斯.知识管理与组织设计.蒋惠工,等译.珠海:珠海出版社:191.

布利克,厄恩斯特,1998.损人利己时代的结束[M]//布利克,厄恩斯特.协作型竞争:全球市场的战略联营与收购.林燕,臧惠娟,李长山,等译.北京:中国大百科全书出版社:8.

布什,霍尔特,2004.科学——没有止境的前沿:关于战后科学研究计划提交给总统的报告[M].范岱年,解道华,译.北京:商务印书馆.

波特,1997.竞争优势[M].陈小悦,译.北京:华夏出版社.

伯雨鸿,2021.我国《专利法》第四次修正之评析[J].电子知识产权(3):46.

长城企业战略研究所,1998.跨国公司在华R&D投资分析[J].中国软科学(8):124-125.

陈健,1999a.试论技术转移的传播学概念[J].科学管理研究(3):64.

陈健,1999b.传统技术转移与高技术转移的竞争结构[J].科研管理(5):58.

陈劲,2017.建设面向未来的世界科技创新强国[J].学术前沿(11):36.

程磊,2019.新中国 70 年科技创新发展:从技术模仿到自主创新[J].宏观质量研究(3):18.

陈志昂,虞超杰,1998.跨国公司知识产权转移新发展[J].科技进步与对策(3):29-30.

曹自学,1996.传播学与科技传播[M]//孙宝寅.科技传播研究——首届科技传播研讨会论文选.北京:清华大学出版社.

DAY,JUNG,2001.如何无事生"非"——非危机企业如何转型[J].中外管理(7):25.

大前沿一,1998.全球战略联营的原理[M]//布利克,厄恩斯特.协作型竞争:全球市场的战略联营与收购.林燕,臧惠娟,李长山,等译.北京:中国大百科全书出版社:48.

多西,弗里曼,纳尔逊,1992.技术进步与经济理论[M].钟学义,沈利生,陈平,等译.北京:经济科学出版社.

迪森,1996.鹿死谁手?——高技术产业中的贸易冲突[M].刘靖华,周晓慧,刘绯,等译.北京:中国经济出版社.

傅家骥,1998.技术创新经济学[M].北京:清华大学出版社:141.

方新,2018.接续奋斗,继往开来,回望中国科技体制改革 40 年[EB/OL].(2018-10-26)[2021-05-22]. https://www.sohu.com/a/271500231_466843.

国家知识产权局知识产权发展研究中心,2019.2019 年中国专利调查报告[R/OL].[2021-06-12]:50-52. https://www.cnipa.gov.cn/module/download/down.jsp? i_ID=40213&colID=88.

亨茨勒,1998.欧洲的联营:勾结还是合作[M]//布利克,厄恩斯特.协作型竞争:全球市场的战略联营与收购.林燕,臧惠娟,李长山,等译.北京:中国大百科全书出版社:305.

贺德方,周华东,陈涛,2020.我国科技创新政策体系建设主要进展及对政策方向的思考[J].科研管理(10):81-87.

哈梅尔,普拉哈拉德,1998.竞争大未来[M].王振西,译.北京：昆仑出版社：216.

黄武双,金莹,张洁琼,等,2016.美国技术创新与技术转让激励政策解读[M].北京：法律出版社：181.

黄薇,2007.提高自主创新能力 建设创新型国家——谈修订后的科学技术进步法[EB/OL].(2007-12-29)[2021-06-02]. http://www.npc.gov.cn/zgrdw/npc/xinwen/rdlt/fzjs/2007-12/29/content_1387813.htm.

胡正荣,1997.传播学总论[M].北京：北京广播学院出版社.

科特,1999.变革[M].李原,孙健敏,译.北京：中国人民大学出版社：82-83.

李彬,1994.传播学引论[M].北京：新华出版社：14.

李国津,1997.战略联盟[M].天津：天津人民出版社.

罗莉,2019.我国《专利法》修改草案中开放许可制度设计之完善[J].政治与法律(5)：31.

李小健,2020.新修改专利法：激发全社会创新活力[J].中国人大(20)：23.

李志军,1997.当代国际技术转移与对策[M].北京：中国财政经济出版社：58-60.

罗森堡,小伯泽尔,1989.西方致富之路——工业化国家的经济演变[M].刘赛力,甄炳禧,卢娟,等译.北京：生活·读书·新知三联书店.

路甬祥,2004.全国人大常委会执法检查组关于检查《中华人民共和国科学技术进步法》实施情况的报告[EB/OL].(2004-07-23)[2021-06-02].http://www.npc.gov.cn/wxzl/gongbao/2004-07/23/content_5332210.htm.

麦耶斯,1998.知识管理与组织设计[M].珠海：珠海出版社：215.

程磊,2019.新中国 70 年科技创新发展:从技术模仿到自主创新[J].宏观质量研究(3):18.

陈志昂,虞超杰,1998.跨国公司知识产权转移新发展[J].科技进步与对策(3):29-30.

曹自学,1996.传播学与科技传播[M]//孙宝寅.科技传播研究——首届科技传播研讨会论文选.北京:清华大学出版社.

DAY,JUNG,2001.如何无事生"非"——非危机企业如何转型[J].中外管理(7):25.

大前沿一,1998.全球战略联营的原理[M]//布利克,厄恩斯特.协作型竞争:全球市场的战略联营与收购.林燕,臧惠娟,李长山,等译.北京:中国大百科全书出版社:48.

多西,弗里曼,纳尔逊,1992.技术进步与经济理论[M].钟学义,沈利生,陈平,等译.北京:经济科学出版社.

迪森,1996.鹿死谁手?——高技术产业中的贸易冲突[M].刘靖华,周晓慧,刘绯,等译.北京:中国经济出版社.

傅家骥,1998.技术创新经济学[M].北京:清华大学出版社:141.

方新,2018.接续奋斗,继往开来,回望中国科技体制改革 40 年[EB/OL].(2018-10-26)[2021-05-22].https://www.sohu.com/a/271500231_466843.

国家知识产权局知识产权发展研究中心,2019.2019 年中国专利调查报告[R/OL].[2021-06-12]:50-52.https://www.cnipa.gov.cn/module/download/down.jsp?i_ID=40213&colID=88.

亨茨勒,1998.欧洲的联营:勾结还是合作[M]//布利克,厄恩斯特.协作型竞争:全球市场的战略联营与收购.林燕,臧惠娟,李长山,等译.北京:中国大百科全书出版社:305.

贺德方,周华东,陈涛,2020.我国科技创新政策体系建设主要进展及对政策方向的思考[J].科研管理(10):81-87.

哈梅尔,普拉哈拉德,1998.竞争大未来[M].王振西,译.北京：昆仑出版社：216.

黄武双,金莹,张洁琼,等,2016.美国技术创新与技术转让激励政策解读[M].北京：法律出版社：181.

黄薇,2007.提高自主创新能力 建设创新型国家——谈修订后的科学技术进步法[EB/OL].(2007-12-29)[2021-06-02].http://www.npc.gov.cn/zgrdw/npc/xinwen/rdlt/fzjs/2007-12/29/content_1387813.htm.

胡正荣,1997.传播学总论[M].北京：北京广播学院出版社.

科特,1999.变革[M].李原,孙健敏,译.北京：中国人民大学出版社：82-83.

李彬,1994.传播学引论[M].北京：新华出版社：14.

李国津,1997.战略联盟[M].天津：天津人民出版社.

罗莉,2019.我国《专利法》修改草案中开放许可制度设计之完善[J].政治与法律(5)：31.

李小健,2020.新修改专利法：激发全社会创新活力[J].中国人大(20)：23.

李志军,1997.当代国际技术转移与对策[M].北京：中国财政经济出版社：58-60.

罗森堡,小伯泽尔,1989.西方致富之路——工业化国家的经济演变[M].刘赛力,甄炳禧,卢娟,等译.北京：生活·读书·新知三联书店.

路甬祥,2004.全国人大常委会执法检查组关于检查《中华人民共和国科学技术进步法》实施情况的报告[EB/OL].(2004-07-23)[2021-06-02].http://www.npc.gov.cn/wxzl/gongbao/2004-07/23/content_5332210.htm.

麦耶斯,1998.知识管理与组织设计[M].珠海：珠海出版社：215.

诺思,托马斯,1989.西方世界的兴起——新经济史[M].厉以平,蔡磊,译.北京:华夏出版社:1.

诺思,1994.经济史中的结构与变迁[M].陈郁,罗华平,译.上海:上海三联书店:180.

钱德勒,1987.看得见的手——美国企业的管理革命[M].重武,译.北京:商务印书馆.

瑞克曼,1998.合作竞争大未来[M].苏怡仲,译.北京:经济管理出版社:12.

苏继成,李红娟,2021.新发展格局下深化科技体制改革的思路与对策研究[J].宏观经济研究(7):102.

施拉姆,波特,1984.传播学概论[M].陈亮,等译.北京:新华出版社:60.

斯密,1974.国民财富的性质和原因的研究(下卷)[M].北京:商务印书馆:27.

孙玉涛,刘凤朝,曹聪,2021.中国科技体制改革的逻辑:一个制度理论的框架[J/OL].科学学研究.(2021-04-23)[2021-05-22].https://doi.org/10.16192/j.cnki.1003-2053.20210422.002.

孙玉涛,刘凤朝,2016.中国企业技术创新主体地位确立——情境、内涵和政策[J].科学学研究,34(11):1721.

塔格特,1997.国际商务[M].彭荷英,译.北京:中信出版社:95.

万钢,2018.2018年全国科技工作会议工作报告[R].北京:科技部.

熊彼特,1991.经济发展理论——对于利润、资本、信贷、利息和经济周期的考察[M].何畏,易家详,等译.北京:商务印书馆.

徐棣枫,2008."拜—杜规则"与中国《科技进步法》和《专利法》的修订[J].南京大学法律评论(Z1):124-133.

叶明,1994.科技宏观分析[M].北京:科学技术文献出版社.

叶明,1995.科技政策分析[M].北京:科学技术文献出版社.

中国科学技术情报研究所,1989.国际技术转移机制研究[R]：81.

张国良,1995.传播学原理[M].上海：复旦大学出版社：3-6.

中共中央文献研究室,2008.改革开放三十年重要文献选编（上）[M].北京：中央文献出版社：371-379.

赵剑影,罗筱晓,2020.科技创新,企业既要做"主体"又要当"主力"[N].工人日报,2020-05-28(4).

斋滕优,1984.技术转移理论与政策[Z].东北工学院科学学与科技管理研究室,编译.沈阳：东北工学院.

张维迎,1996.博弈论与信息经济学[M].上海：上海三联书店：12.

BRAINARD R, 1992. Internationalising R&D [J/OL]. The OECD observer (174)：9. [2021-06-02]. https://www.oecd-ilibrary.org/docserver/observer-v1992-1-en.pdf? expires = 1638343023&id = id&accname = guest&checksum = F65D2384C628448D810D77ECA12CE5C0.

COASE R H, 1937. The nature of the firm[J]. Economica, 4(16)：386-405.

ETTLIE J E, O'KEEFE B D, 1984. Organization strategy and structural differences for radical versus incremental innovation[J]. Management Science, 30(6)：682-695.

GULATI R, NOHRIA N, ZAHEER A, 2000. Strategic networks[J]. Strategic Management Journal, 21：203-215.

HALL J, HOFER C W, 1993. Venture capitalists' decision criteria in new venture evaluation[J]. Journal of Business Venturing, 8(1)：25-42.

KAMIEN M I, SCHWARTZ N L, 1975. Market structure and innovation：a survey[J]. Journal of Economic Literature (1)：1-37.

KIM L, 1980. Stages of development of industrial technology in a developing country: a model[J]. Research Policy (3): 254-277.

LIEBERMAN M B, MONTGOMERY D B, 1988. First-mover advantage[J]. Strategic Management Journal (5): 41-58.

MURRAY G, 1994. The European Union's support for new technology-based firms: an assessment of the first three years of the European seed capital fund[J]. European Planning Studies, 2(4): 435-461.

PUCIK V, 1988. Strategy alliances organizational learning and competitive advantage: the HRM agenda [J]. Human Resource Management, 27(1): 77-93.

SCHUMPETER J A, 1939. Business cycles: a theoretical, historical and statistical analysis of the capitalist process[M]. New York: McGraw-Hill Book Company.

SCHUMPETER J A, 1934. The theory of economic development [M]. Cambridge: Harvard University Press: 62.